クオン　インタビューシリーズ03

韓国の今を映す、12人の輝く瞬間

イ・ジンスン
伊東順子 訳

CUON

韓国の今を映す、12人の輝く瞬間

This book is published with the support of
the Literature Translation Institute of Korea (LTI Korea).

韓国の今を映す、12人の輝く瞬間

目次

第三部　懐疑と拒絶で選んだ人生

凡例

・本書は、二〇一三年六月から二〇一八年八月にハンギョレ新聞に掲載された記事の一部を書籍化にあたって加筆・修正したものを訳出したものである。
・文中の（）は原注、［］は訳注である。
・本文中の年齢は、原則として数え年とした。
・各章の最後に翻訳者の伊東順子氏によるコラムを加えた。

プロローグ

「今まで会った人の中でいちばん立派だったのは誰ですか?」

ハンギョレ新聞土曜版にコラムを連載しながら、もっとも多かった質問だ。二〇一三年六月から連載を始めて五年あまり、これまで隔週に一回のペースで会った人は百二十二名。その中で、まさに非の打ち所がないほどの純粋な情熱と強い信念を持ち、さらに寛大さをも兼ね備えた「ベスト・オブ・ベスト」は誰なのか。皆が気になるようだが、私の答えは簡単だ。

「この世の中に、そんな立派な人はいません」

インタビューを通して出会った人すべてが、私にとって感動であり喜びであり希望であったけれど、皆が期待するほど偉大でも立派でもなかった。試練の時を過ごした人ほど、心に深い傷を負い、孤独と恐怖に苦しみ、自責する人々だった。「白馬に乗った超人」のような人は、実際にはいないのだ。

そもそも、挫折を乗り越えて成功した、立身出世的な人を探そうと思ったのではない。誰もがそうであるように、私がインタビューした彼らもまた、軟弱で卑屈で気弱な普通の人々である。彼らの生き方が読者に共感と感動を与えたとしたら、それは彼らが揺るぎない態度で誤謬なき人生を歩んだ偉大な人物だからではない。挫折の痛みやうんざりする日常の中でも、世の中に対する希望と、人々に対する期待の糸を離すまいとしたからだろう。

誰の人生も完璧に美しいわけではない。しかし、誰にでも一撃のチャンスはある。人生のある瞬間に自身のもっとも善良で美しい情熱を引き出し、一瞬の輝きを見せる人たちがいるからこそ、世の中は滅びることなく前進していく。世の中を明るくするのは偉大な英雄たちが高々と掲げる不滅の篝火ではなく、クリスマスのイルミネーションのように点いては消える、平凡な人々の短くも断続的な輝きだと私は信じている。挫折と傷と恥辱にまみれた日常の中で最善を尽くし、自分だけの光を放つ平凡な人々の特別な瞬間を記録したかった。

本書は私一人の力で書かれたものではない。ここに紹介されている方々は十二名だが、この間ハンギョレ新聞のコラムを通して、貴重なお話を聞かせていただいた多くの方々にたくさんの教えをいただいた。百二十二名の一人ひとりの名前を思い出しながら、深く感謝したいと思う。執筆者としては新人である私に、新聞二面という破格のスペースを長期間にわたり与えてくれたハンギョレ新聞にも心から感謝したいと思う。

あらかじめ計画したものではなかったが、新聞の連載を終える時期にこの本が出ることになったのは、私にとってはさらなる光栄である。何年か経過したことで、時期的にそぐわない部分は修正をし、紙面に載せられなかった話を補充し、必要によっては追加インタビューもした。人物の選定や原稿の修正など企画段階を含むすべての過程で、常に私を支えてくれた文学トンネのキム・ソヨン局長、編集のファン・ウンジュさんに深い感謝を伝えたい。

最後にこの『あなたが輝いていた瞬間〔原題〕』の書籍化にあたり記事の掲載を快諾してくれた十二名の皆さんに深い感謝と尊敬の気持ちをお伝えしたい。彼らが聞かせてくれた物語は多くの人々に勇気と感動を与えるだろう。このすさんだ世の中で、うんざりするような人間関係に揉まれながらも、人生をポジティブに慈しみながら生きようとするすべての人に、時には卑小で、時には偉大なすべての人に、この本がささやかな慰めとなってくれればと願う。

二〇一八年八月

彼らが輝いていた瞬間を思いながら

イ・ジンスン

第一部

心の命ずるままに

どうしてそこに行ったのかって？三人の子どもの父親だからです

キム・ヘヨン

私はダイバーである前に国民です。国民だから駆けつけたわけで、私の職業、私の技術がその現場で役立つ状況だったから行っただけで、（私は）愛国者でも英雄でもないんです……公務員の偉い方たちにお尋ねします。私たちはあの時のことをしっかり覚えています。忘れることができず身体に刻み込まれているのに、社会のリーダーである公務員の皆さんはどうして知らないとか、記憶がないとか……。（ダイバー、キム・グァンホン氏の証言、「四・一六セウォル号惨事特別調査委員会一次聴聞会」、二〇一五年十二月十六日）

助けてくれと窓を叩く高校生たちを抱いたままセウォル号が転覆した時、この社会の底にあった腐敗と無能の恥部も露わになった。船に乗っていた三百四人のうち、ただの一人も救うことができなかった「史上最大の救助作戦」は、「史上最大の裏切りの舞台」となって幕を下ろした。その中で、遺体だけでも引き揚げることができたのは、間違いなく民間ダイバーたちの功績だった。事故発生から七月十日の政府による一方的な捜索中断通知を受け取るまで、犠牲者二百九十二人の遺体を捜して引き揚げたのは、海洋警察でも海軍でもない、二十五人の民間ダイバーだった。「ダイバーには日当百万ウォン〔約十万円〕が支給されたうえで、遺体一体につき五百万ウォンのインセンティブが発生する」というミン・ギョンウク青瓦台《チョンワデ》［大統領府］スポークスマンの発言が報道された時も、ダイバーたちは酸素供給の命綱を頼りに、水深四十メートルの海中に沈む孤独な遺体を捜して、黒い海に飛び込んでいた。インターネットも新聞も放送も届かないバージ船で、カップ麺を食べながら、うずくまって仮眠を取りながら、生徒たちを捜しに深海に下りていった。日に四、五回、あきらかに潜水の基本ルールを超える回数だった。冷たい水の中で恐怖に震えて重なり合う遺体を、一人ひとり丁寧に胸に抱いて上がってくる時、彼らもまた生と死の境を行き来した。

　あれから二年経った二〇一六年六月十七日、「セウォル号のヒーロー」と呼ばれたダイバー、キム・グァンホンが亡くなった状態で家族に発見された。京畿道高陽市《キョンギドコヤンシ》の自宅兼フラワーショップで、まだ小学生だった三人の子どもたちが学校に行くために、母親と一緒に家を出ようとしたその時だった。父親は揺すっても起きなかった。健康で愚直な性格だった彼は、三十八歳の妻と十一歳（ラウン）、九歳（ダウン）、七歳（ヒョ）の三人の子どもを残したまま、心臓麻痺でこの世を去った。テーブルの上には前日の夜、彼が子どもたちのために買ってきたチョコレートが三つ残されていた。子どもたちは父親の死をどう思っているのだろう。勇敢で誇らしい仕事をした父親が彭木《ペンモク》*1港の沖合から戻ってきて以来、しだいに廃人のようになっていった理由を、この身勝手で稚拙な

＊1　珍島《チンド》にある港。セウォル号の沈没現場からもっとも近く、救助活動のベースキャンプとなった。

世の中に対しての憤りと失望を、それでも最後まで失うことのなかった人間への期待と希望を、子どもたちは理解することができるだろうか。

キム・グァンホンの妻、キム・ヘヨンに会うのは勇気がいることだった。でも、彼をモデルにしたキム・タクファンの小説『嘘だ』（ブックスフィア、二〇一六年、未邦訳）が出版され、妻のフラワーショップの商品券と本をセットにしたパッケージ商品が出たという話を聞いて意を決した。誰かのブログに、妻のフラワーショップ「花の海」（fbada.com）の名刺が載っていた。夫がこの世を去ってから、遺された家族がメディアに登場したことはなかった。インタビューを申し込むのが失礼にならないように、細心の注意を払いながら連絡をしてみた。彼女はためらいながらも、最後には了承してくれた。夫に代わって話したいことがあるようだった。新しく引っ越したという先を訪ねた。ソウル市恩平区《ウンピョング》葛峴洞《カルヒョンドン》にある、こぢんまりした低層マンションだった。

「こんなふうに太く短く生きたいと言っていました。これは俺のだからと、（花屋をオープンする時に）どこにも売るなと」

それは高麗人参にも似ていたが、さらに太くてしっかりした根っこが土から突き出していた。夫が特に好きだったという「カリホー」の鉢を見ながらキム・ヘヨンは言った。子どもたちの遊び道具でいっぱいのベランダには、小さな植木鉢がぎっしり並んでいた。夫が愛してやまなかったという「白紫檀」や「マンセンカラマツ」など、あまり馴染《なじ》みのない野花の名前が書かれた植木鉢も、子どもたちが飛んだり跳ねたりして遊ぶトランポリンの横に置かれていた。

インタビューに応じてくださって、ありがとうございます。これまでメディアは避けておられたと聞いたのですが……。お葬式の記事の写真も顔を隠していらっしゃいましたよね。

——今、上の子が思春期なんです。小学四年生の娘です。ものすごく敏感な年頃なので。インターネットにアップされるのを子どもたちも見てしまうので心配したんです。今はかなり落ち着いて、私のインタビューを、自分も見たいと言っていました。

え、そうなんですか？

——将来の夢が記者に変わったんだそうです（笑）。社会部の記者になりたいって。

奥の部屋には子どもたち三人の赤ちゃんの時の写真が並んで掛けてあった。夫は子どもをたくさんほしがった。二歳違いで三人産んでも、もっとほしいと言って妻にたしなめられた。三人の子どもたちと一緒に写った家族写真の中のキム・グァンホンは、がっしりと骨太な体格をしていて、彼が好きだと言った植物の根っこに似ていた。

高陽市にお住まいかと思ったのですが、フラワーショップだけあちらにあるのですか？

——この家に引っ越して一ヶ月ぐらいです。前の家は野生の草花を育てるハウスの敷地内にあったのですが、夫があんなことになってしまって、そのまま暮らすのはちょっと無理でした。子どもたちが見てなかったら違っていたかもしれませんが、あの朝、父親が倒れたのを子どもたちも一緒に見てしまったので。女手一つで野花の世話をするのも大変だし。防犯上もよくないし……。

お葬式を済ませてこちらに移られたんですね。

——はい。フラワーガーデンはたたんで、今はインターネットのショップだけしています。

話をしている途中にも、時おり花輪を注文する電話がかかってきた。小さな子どもを置いて母親が外で働くのは難しいので、インターネットで花輪や花かごの注文を仲介する仕事をしているのだと言った。

もともとフラワーガーデンは奥さんがやっていたのですか？

——二人で一緒にやっていました。舅《しゅうと》が野生の草花の農園をしているんです。夫は子どもの頃から花をいじったり、盆栽をいじったりするのが好きで、早くに「蘭の資格」も取ったそうです。蘭を育てる専門家の資格です。私は野花については何も知らなくて、一から夫に教えてもらったんです。

ではフラワーガーデンをやろうと言ったのもご主人なんですか？

――三人目の子が生まれて、舅に勧められたんです。もう子どもが三人もいるのだから、海に行って危ない仕事はしないほうがいいと。

それでダイバーの仕事は辞めて、フラワーガーデンだけやろうと？

――それは違います。彼が海を捨てられるはずがない（笑）。どうせ冬場は海の仕事もないから、休みの間に自分が好きな花とか盆栽を育てようと思ったみたいです。

妻は海に対する夫の情熱を止めることはできなかった。初めて彼に会ったのも、スキューバダイビングの教室だった。キム・ヘヨンは屋内プールでの講習を終えたばかりの初級の生徒で、夫はすでに十年のキャリアを持つエキスパートだった。海が好きで一緒に行くようになり、彼の損得にこだわらない純粋さに惹かれた。二〇〇五年、出会ってからちょうど三年という日に二人は結婚した。キム・ヘヨンは二十六歳、キム・グァンホンは三十二歳だった。

クレジットカード会社に勤務していた夫が、職業潜水士の仕事をすると言った時も、キム・ヘヨンは反対しなかった。レジャースポーツのダイバーではなく、海の中で溶接や橋脚の作業をする潜水士の仕事はきついだろうが、経験豊富なダイバーなら危険を避けるのは慣れたものだし、夫の腕は信頼できると思っていた。夫は十年間、職業潜水士の仕事をしながら、潜水病で苦労したことは一度もなかった。セウォル号の遺体収容作業に参加するまでは、そうだった。

ダイバーとしてのキャリアは長いほうだったんですよね？

――二十年ぐらいになります。職業潜水士だけでも十年ですから。それ以前のも合わせれば……。

職業潜水士は一般のダイバーとどう違うのですか？

――レジャースポーツとしてダイビングをする皆さんは、潜って魚の写真を撮ったり目で見たりするので、目の前が濁っていて見えないようなところには入りません。全く知らないならともかく、水の怖さを知っている人なら、それがどれほど危険なのかわかると思います。それに加えて職業潜水士は、水中で溶接作業をしたり、配管を設置したり、水中橋脚のコアな部分の作業をするので、はるかに高い熟練度が求められます。

そのぐらいのキャリアだと、一ヶ月の収入はどのくらいなんですか？

――毎月同じではありません。日当制で、普通は一日百万ウォンぐらいです。一日に一時間だけ潜ってきても、基本は五十万ウォンです。大きな作業になると一ヶ月単位で契約をするんですが、そうやって仕事をしたら、その後に何ヶ月かは、身体を回復させるための休息期間が必要になります。

セウォル号の救助現場では、どんなふうに民間ダイバーの皆さんに日当が支給されたのですか？

――日当をもらおうと思ってやったのではないんです。最初からボランティアとして行ったので、契約書を書いたり、日当を決めたりはしていません。おそらくうちの夫なども、契約書なしでやった初めての仕事だったと思います。ところが五月にイ・グァンウク潜水士の死亡事故[*2]が起きてから、あわてて契約書を書かせたようです。

では、どうして「日当百万ウォン、遺体一体あたりいくら……」という話が出たんでしょう？

――あれは青瓦台のスポークスマンから先に出てきたんです。夫たち民間ダイバーがいたバージ船の上はインターネットがちゃんとつながらないので、本人たちはそんな話が出ていることも知らなかった。もともと遺体を引き揚げるのにお金をもらうとか、そういうことではなかったんですよ。

＊2　イ・グァンウクさんは「自分にも高校二年生の息子がいるから」と駆けつけた民間ダイバー。セウォル号の捜索中に亡くなった。

夫を止められなかった理由

セウォル号の捜索現場には、どうして行かれたんですか？

――ちょうどその頃に済州島《チェジュド》だったか、大きな工事の契約が決まっていたんです。ずっと前から力を入れてきた長期のプロジェクトで、金額が大きいだけでなく、その仕事をすれば次の仕事にもつながる、だからとても大きな契約だと言っていました。その仕事が数日後に迫っていたのに……。

そこに行かずにセウォル号のほうに行ったんですね？

――ずっと電話がかかってきていました。職業潜水士はチームを組んで仕事をします。そもそも数が多くないから、誰かの知り合いの知り合いというふうに、つながっているんです。先に行っていた知り合いのダイバーから連絡がありました。私はもちろん行くなと止めたんです。「そこには五百人以上の人がいるっていうのに、どうしてあなたが行かなきゃいけないの？」って。そうしたら「五百人いたって実際に潜れる人間は十人もいないと思うよ」と言うんです。海洋警察だって無理だろうって。

それで行くのを許したんですか？

——何日かソワソワして、何をしていても上の空というか。心ここにあらずといったふうで、仕事も手につかないようでした。ちょうど四月でしたから、フラワーガーデンは忙しいさなかだったのですが、気持ちはもう飛んでしまっているから、ここにいても仕方ないなと思って、「それほど行きたいなら行ってもいい」と言ったのです。

喜んでいました？

——そう言ったとたんに、その日のうちにもう行ってしまいました（笑）

大きな契約を投げ捨てて、生業を犠牲にしてまでセウォル号に駆けつけた理由は何なのでしょう？

——子どもが三人ですからね。

え？

——私たちも三人の子どもの親ですから。私が最初に夫を止めたのも、子どもが三人もいるのだから危ないことはしてほしくなかった。でも親としてのつらい気持ちは、私たちもセウォル号の遺族も同じなんですよ。最初は子どものために止めたのですが、結局は子どものために行けと言ったんです。

苦労して手に入れた大きな仕事も蹴って、繁忙期のフラワーガーデンも妻に任せて、キム・グァンホンは一目散に孟骨《メンゴル》水道をめざした。二〇一四年四月二十三日、彼が現場に到着した時、作業可能なダイバーはわずか七、八人にすぎなかった。それは彼が予想した通りで、五月十日過ぎになってようやく二十五人ほどになった。建前は民・官・軍の合同作戦だったが、「海洋警察の潜水士は船体に進入する能力も、装備もない状態だから」、遺体収容の大部分は民間ダイバーの仕事だった。ボンベを背負って行くだけの通路が確保できずに、仕方なく「表面供給式」（バージ船から水中のダイバーにホースを通して空気を送る方式）の潜水をした。それは空気を送る命綱がからまったり、引っかかったりしないように、バージ船にいるスタッフと呼吸を合わせてする高難度の作業であり、熟練の職業潜水士にとっても危険極まりない仕事だった。

五月六日にイ・グァンウクさんが亡くなるという事故もあり、心労が絶えなかったのでは？

――毎日電話で話していたんですが、最初の頃は食事が大変だと言っていました。食べるものはカップ麺ぐらいしかなくて。差し入れとして届いたのが女性用のパンティだったりで、必要なものは私が宅配で送っていました。

体力の消耗も激しい作業でしょうに、食事もちゃんと取れなかったということですか？

——海洋警察の人たちには専用の炊き出しがあったのに、民間ダイバーにはくれなかったそうです。四月三十日以降になって、やっとまともな食事が取れるようになったと。後から聞いたのですが、自分が倒れて死にそうになったのを知っているかと。潜っている途中で息が切れて病院に担ぎ込まれ、三日間入院していたんだと言うんです。退院してそのまま現場復帰したそうなんですが。

民間ダイバーたちは二十四時間バージ船で待機しながら一、二時間の仮眠を取るだけで、日に四、五回ずつ交替で潜水するか空気を送る命綱を摑んだ。三十分作業をしたら六時間休憩を取らなければいけない安全規則を、ベテランのダイバーたちが知らないはずはなかった。キム・グァンホンは「沈んでいる生徒たちを見て、遺族の人たちの哀しみを思ったら、これをやっちゃいけないと思いながらも、潜るしかなかった」（「セウォル号惨事真相究明促進各界宣言国民大会」みんなの発言、二〇一五年五月三十日）と当時の状況を伝えている。

最初から行かせなきゃよかったと、後悔しませんでしたか？

——後悔していますよ。どうして行けと言ったのか……。もういいから帰ってきてと言ったこともあります。同じグループで一緒に行ったダイバーたちも、もう無理だと数日で引き上げてきたのだから、あなたも他の人に任せてくればいいと。

そしたら何と言われました？

――自分がやらなきゃ、誰がやるんだって（笑）。現場にいる仲間はみんな同じ気持ちだと信じていましたね。あそこ（セウォル号の捜索現場）にいた時よりも、家に戻ってきてからのほうがつらかったみたいです。言うことをコロコロ変えたり、約束を守らない人たちを見て……。

どんな災害があっても国民を呼ばないでください

キム・グァンホンはその年の七月十日、一方的に捜索作業を変更しようとした政府が、現場の作業終了をたった一通の携帯メッセージで通知してきたことに激昂した。二百九十二人を引き揚げた方法が間違っていた、現場から撤収しろと言われたのだ。その後三ヶ月間で二体しか引き揚げられなかったこと、ボランティアで行った民間ダイバーが金儲けのために来た民間救助会社「ウンディーネ」所属のダイバーとミスリーディングされたこと、海洋警察の無責任で無理な指示でイ・グァンウクさんが亡くなったこと、その法的責任を民間ダイバーであるコン・ウヨンさんに押し付け（一、二、三審無罪判決）、実際に責任を取るべき海洋警察の関係者が昇進したこと。それらを見ながら、キム・グァンホンの人に対する信頼、世の中に対する期待は無残に崩れ去った。彼は郵便で届けられた海洋警察庁長からの感謝状を歯で食いちぎってしまった。

私たちは金儲けのために行ったのではありません。自発的なボランティアで行ったのです。良心に従ったのが罪だったのです。二度と、再び他の誰かがこのような目に遭わないことを祈ります。どんな災害があっても国民を呼ばないでください。政府がご自分で対処すればいいのです。（キム・グァンホンの証言、「国会安全行政委員会国政監査」、二〇一五年九月十五日）

セウォル号の現場から戻ってきた後、為すすべもなく身も心もボロボロになっていった。不眠症で眠れずに、飲めない酒を毎晩あおった。怒りの調節ができずに子どもたちを叩いたり、それまでにはなかった行動をした。首と腰がヘルニアになり、肩の回旋筋腱板が断裂し、ダイバーにとってもっとも怖い病気だという骨壊死（骨に血液が供給されずに骨の組織が死んでしまう潜水病の一種）とも診断された。二度とダイバーの仕事には戻れなくなった彼は運転代行のドライバーになったが、政府から約束された治療費は払われず、家の借金は増えていった。

これはかなり深刻かもしれない、治療を受けさせなければと思ったのはいつからですか？

――眠れなくなってしまったのです。不眠症がだんだんひどくなって、無気力で何もできずに、ただ一日中ぼーっとしているだけ。一日二日眠れなくてもつらいのに、それがあまりにも長く続くもんだから、疲労がたまってイライラして……。骨壊死になっているのも知らなかったし、そこまで身体を悪くしているとは思っていなかったんです。

夫は目を閉じるたびにセウォル号の生徒たちがまぶたに浮かぶと言った。ダイバーたちが安全規則を無視してまで水中に飛び込むしかなかったのは、船が転覆し水が船内にどんどん入っていく阿鼻叫喚の中で、生徒たちがどのように死んでいったのか、そのむごたらしい悲劇の現場を知る唯一の目撃者だったからだ。

犠牲者たちは恐怖の極限状態の中で、低水温と水圧によるひどい苦痛の中で亡くなったのです。極度の恐怖の中で一体一体がもつれ合い、私たちはその一体一体を撫《な》でながら、抱きかかえて引き揚げるしかありませんでした。（キム・グァンホンの証言、前出の国政監査、二〇一五年九月十五日）

遺体は肩を組み、抱き合っていることもあり、手をしっかりつなぎ、もつれ合っていることもあった。狭い通路と障害物をかき分けて出てくるには、その肩と手を無理やりはずさなければならなかった。

「みんな、ちょっとだけ待っていてくれな。一人ずつ連れて出なきゃいけないから。すぐ戻ってくるから。一緒にお母さん、お父さんに会いに行かないとな」

ダイバーはそんなふうに生徒たちをいたわりながら一体ずつ引き揚げていった。頭から足の先まで自分の身体にぴったりと密着させ、しっかりと抱きかかえて出てくるやり方で……。二百九十二人の犠牲者は皆、そんなふうにして家族のもとに帰された。

船内で発見された行方不明者を連れて帰る方法は一つしかない。二本の腕でしっかり抱きかかえて連れ出すのだ！（中略）生きた人間同士が抱き合う場合の五倍以上の力がいる。（中略）最後まで抱いた腕を緩めてはならないのはもちろんのこと、移動途中で行方不明者の身体が障害物にぶつかって傷ついたり、引き裂かれるようなことがあれば、皆はそれを一生後悔するだろう。（『嘘だ』、三十三ページ）

そうやって引き揚げていたのはご存じでしたか？

――知りませんでした。私も（キム・タクファンさんの）本を読むまでは、「生徒たちを抱きかかえて出てきた」というのは知らなかったんです。いろいろ話してくれる人だったんですが、私がショックを受けると思ったのか、遺体の収容過程については一切話をしませんでした。何かの折に、道でアディダスのラインが入ったジャージ姿の子たちを見るとびっくりすることはありましたが。あの船にいた子たちの三分の二が、やはり同じようなアディダスのジャージを着ていたらしく、夫はそれが学校の体操服かと思ったと冗談っぽく言っていたことはあったのですが……。いつも収容できていない九人が頭から離れないと言っていました。

キム・グァンホンさんの他のインタビューを見たら、その日を境に「妻や子どもたちを抱擁することができなくなった」とおっしゃっていましたが。

――それも全く知らなかったんです。よく子どもたちを抱いてやったり、身体を使って一緒に遊んでくれる人でした。寝る時も子どもを間にはさんで皆で寝ていたのに、（セウォル号以後）家族とは一緒に寝ないで、一人だけリビングで寝ていました。今になって思えば、あれは本当につらくて避けていたんですよね。

奥さんにも何も言えずに、一人でつらい思いを抱えていらしたんですね。

――セウォル号事件が終息する兆しがあればまだよかったと思うのですが、何一つ解決されないままずっと引きずっている状況でしたからね。「あなたがいくら頑張ってもダメみたいだから、もうやめて抜けたらいい。うちの家族のことだけ考えて暮らそう」って、そう言ったんです。「あなたほどの能力があれば、全部忘れて再スタートだってできるのに、どうしていつまでもそこに縛られているのか」って……。お気楽な言い草ですよね。後悔しています。もっと温かい言葉をかけてあげればよかったのに。どうして抜け出せないのかって、いつもそんなことばかり言っていて。

俺はキム・グァンホンだ。一度もつぶれたことがないキム・グァンホン。誰かに迷惑かけることもなく、ただただ一生懸命、みんなを愛してきた(嗚咽《おえつ》)。ご先祖様にもやましいことのないように。それが俺、キム・グァンホンなんだよ！　なのにそれがうまくいかないから、腹が立つし、もうどうかなりそうで……。俺は一体何をやっているのかって。(生前のインタビュー、故キム・グァンホン追悼映像より)

キム・グァンホンさんの追悼映像の題名は「俺はキム・グァンホンだ」でしたよね。嗚咽する姿が忘れられません。

――「俺はキム・グァンホンだ」とよく言っていました。自分の名にかけて、清く正しく美しく、正直に生きていると、子どもたちにもいつもそう言っていました。悪いことはしないし、他人に迷惑はかけないと。自分の名をかけられる人間は、そういう人間なんだと。

キム・グァンホンさんはセウォル号の生徒でも遺族でもなく、三人の子どもの父親として真面

目に働いていた平凡な市民でしたよね。ただ人情深い性格でボランティアとして現場に合流したことで、あんなふうに傷ついてしまった。奥さんとしては、何が一番許せませんか？

――私も、夫がセウォル号の現場に行った後で、仕事に復帰すればいいと思っていました。お金のために行ったわけでもないのですから。だけど、あんなに身体が壊れてしまったのなら、政府のほうでちゃんと治療をして、仕事に復帰できるようにしてくれるべきなのに、それをしてくれないというのは、本当に……。お金がほしいと言っているのではなく、ただ治療さえしてくれれば、あとは自分たちで何とかしてもとの仕事に戻ればいいと思っていたんです。そうしてくれる約束で収容作業をしたのに、約束を守ってくれないことが一番……。

二〇一六年六月十七日にキム・グァンホンがこの世を去った後、七月一日付けで「セウォル号惨事特別調査委員会」は強制的に終了させられた。潜水病とトラウマで、大部分のボランティアのダイバーが原職復帰できずにいたが、彼らの被害は記録されなかった。セウォル号事件は二〇一四年四月十六日の一日に限られるものではない。二次、三次加害で事件は続いており、被害者たちの心はずたずたにされた。これは事故ではなく国民に対する国家の暴力であり裏切り行為である。

お母さんはヒーローになるのがいいと思うの?

ご主人が亡くなられて三ヶ月過ぎました。いないという実感はありますか?

——いいえ。まだ実感はありません。彼はいつも海に行くと三、四ヶ月離れて暮らすこともあったし、そうかと思えば一ヶ月に一、二度戻って来てはまた出ていったり。そんな暮らしを十年してきましたから。だから今も装備を持ってどこかに行っているような感じです。何日か前まで夫の携帯を持っていたんですが、彼の携帯にあるアドレスを整理しながら、ふと思ったんです。ああ、もうここに電話をしてくる人はいないんだなと。

上の娘が父親の携帯がほしいと言ったので、番号だけ変えて渡した。妻は今も自分の携帯にある夫の電話番号を消せないでいる。

お父さんの死について、お子さんたちには何とおっしゃったんですか?

——あるがままの話をしました。メディアでは自殺とか何とかいろいろな話が出ていましたが、それは違います。あまりにも長い間全く眠れない日が続いていて、心臓の機能がとても弱っている状態でした。もともとお酒は飲めない体質だったんですが、つらいからお酒を飲んで眠ろうとして、それでもダメなら睡眠剤も飲んだりしていたので、わずかなショックでも心臓が耐えられなかったのでしょう。あの日の夜も、四・一六連帯*3の人に会って帰ってきた後、すぐには眠れなくてお酒をたくさん飲んだみたいです。それでも眠れないから睡眠剤も二錠飲んで。一錠では効かないから量を増やしたんでしょう。でも薬物中毒ではなくて、警察の検視結果でも心臓が悪かったことによるショック死ということでした。

作家のキム・タクファン氏は、キム・グァンホンさんをモデルに書いた『嘘だ』を出した際に、異例ともいえる長文の著者あとがきを書いているのですが、その理由について、「故人の子どもたちが大きくなって、お父さんがどれだけすごいヒーローだったかを知らせてあげたかった」と明かしています。お子さんたちはお父さんがどんなことをしたのか知っていますか？

——だいたいは……まだ詳しくは話していません。

お子さんたちが大きくなって、その本を読んですべてを知った後に、「お父さんがそこまでするほどの価値があることだったのか」と聞かれたら、何とお答えになりますか？

——何日か前に火災の起きたワンルームマンションで、他の人々をみんな起こしていて、逃げられずに犠牲になった学生がいましたよね。ニュースでその人のお母さんのインタビューを見ていたら、うちの娘が聞いてきたんです。「お母さんはあれでいいの?」って。

お母さんはあれでいい……?

——お父さんもヒーローだと言われるけど、それでいいのかと。自分は、お父さんがヒーローになるよりも、家族と一緒にずっといるほうがいいと思うって。

（ため息）**それで何と言ったんですか?**

——それはお父さんの選択であり、私たちがどうこう言えることじゃないから、お前がお父さんの気持ちを理解してくれるといいんだけどって、そう言いました。誰かがそうすることで、たくさんの人たちが幸せになれるなら、それもいいことなのだと、お父さんがしたことが二百九十二人の家族みんなの慰めになったのだから……お父さんはいいことをしたのだと話しました。

最後に、私に何か言っておきたいことはありますか?

——あまり脚色しないでください。あるがままに、バカ正直な人だったけど情だけは深かったと……。あと、夫をよく知っている人でも、中には遺体収容をしてお金をたくさん貰ったんだろっ

＊3　セウォル号事件の真相究明のために、被害者家族らが中心となって結成した市民団体。

て冗談っぽく言う人たちがいるんです。でも、本当にそんなことはなくて、純粋な気持ちで行ったのだと、そこだけははっきりさせてください。

はい。あるがままに書きます。お子さんたちも小さいし、奥さんもまだお若いのに……。

泣きそうになって、胸の内にあった言葉が口をついて出たものの、どう続けていいのかわからなかった。三十代というあまりにも若い年齢、キム・ヘヨンは幼い三人の子どもたちを抱えて、孟骨水道の海よりも混濁し、激しく渦巻いた世の中を泳いでいかなければならないのだ。その重い荷物を一緒に担いであげることもできないのに、偉そうな慰めや同情など笑止千万だ。しばし言葉に詰まって口ごもったあげく、やっと出てきた杓子定規な言葉にまた情けなくなった。

これからは……いいことがたくさんあるといいですね。

――いいことがたくさんありますか？　こんな世の中で……。子どもたちにとって、少しはましな世の中になればいいんですけど。

インタビュー記事が出て一ヶ月後、朴槿恵《パククネ》前大統領の退陣を求めるロウソク集会が始まった。セウォル号事件の当日、七時間にわたり大統領の職務を放棄した朴大統領は、収賄等の罪で懲役二十四年を宣告された。[*4] 珍島郡ペクトン里にある「セウォル号記憶の森」には、キム・グァンホンの銅像が建てられ、韓国国会は「二〇一七年の誇りある韓国人」に彼を選んだ。それで終わりなのか？　キム・グァンホンが世の中に訴えた叫びは、今もやまびこのように虚空をぐるぐる回っている。大きくなった彼の三人の子どもたちの前に我々は、どんな答えを出さねばならないのだろうか。

どうしてみんな言いたいことを言わないんだ？　マスコミはどうして言わないんだ？　俺らなんか水中で肉体労働をするだけの人間なんだよ。もっと学歴が高くて権力を持っている人たちが何であの程度なのか。本当にするべき話をちゃんとする人はいないね……。俺の知り合いなんかは、そんな話はするなって言う。もう忘れろってね。忘れられるものなら忘れるさ。消せるものなら消して……。俺は政府を批判したり、争おうというんじゃない。ただの悪あがき。いや、これは違うんじゃないかって、そう言いたいだけなんだ。だったら聞いてくれないと。それが民主主義だろう。（キム・グァンホン、ノーカットニュースのインタビューより。二〇一五年十二月二十日）

＊4　朴槿恵前大統領は二〇二二年十二月三十一日、文在寅《ムンジェイン》政権による特別赦免（恩赦）により釈放された。

セウォル号、その後

セウォル号沈没事故が起きたのは二〇一四年四月十六日早朝のことだ。

全員救助の報。多くの人々がホッとして仕事に戻った。事故現場に向かった被害者家族たちも同じだった。ところがそれは誤報だった。傾き始めた船はどんどん沈んでいく。救助のために駆けつけた海洋警察の船やヘリコプターもいるのに、沈みゆく船を目の前に何もできなかった。テレビカメラはその様子をとらえ、私たちは三百四名が海に飲み込まれていくのを、映像を通して目撃してしまった。眼の前で起きていることが信じられなかった。

なぜ、助けられない？　なぜ、こんなに急に沈んでしまったのか？　そもそも事故はなぜ起きたのか？　船長はなぜ真っ先に逃げたのか？　高校生たちはなぜ船内に置き去りにされたのか？　なぜ、なぜ？

これはもう事故ではなく事件だった。事件である以上、その真相は解明されなければならない。多くの若者たちを死なせてしまった自責の念で皆が茫然自失となっている中、いち早く立ち上がったのは被害者の遺族たちだった。私たちの子どもたちが、どうしてこんなに不条理な目に遭ったのか。その真相を明らかにしてほしいと訴えた。

ところが政府や警察の対応はしどろもどろで、さらに七月に入って遺体の捜索も打ち切り、ボランティアで集まった民間ダイバーたちに撤収が命じられた。海洋警察は沈みゆく船から誰一人救助できなかっただけでなく、遺体捜索もすべて民間ダイバーに頼っていた。それにもかかわらず、当時の韓国政府（朴槿恵政権）は、その民間ダイバーたちの誠意すらも踏みにじった。

それから二年余りの時間を経た二〇一六年末、無責任の極みだった朴槿恵政権はついに打倒され、その後に誕生した新政権は「徹底究明」を約束したが、まだすべてが明らかにされたわけではない。「なぜ沈んだか」の原因までは明らかになったものの、「なぜ救えなかったのか」がきちんと説明されていないのだ。

光化門《クァンファムン》に「真相究明と責任者の処罰」を要求する遺族たちのテントが立てられたのは、事故から三ヶ月後の二〇一四年七月のことだ。その後にろうそく革命、政権交代、さらに新型コロナによるパンデミック下の厳しい行動制限などもあったが、テントは「セウォル号、記憶の空間」に姿を変えて、今も遺族たちの訴えは続いている。「本当のことが知りたい」、その願いは十年経った今も同じだ。

期待もしない、希望もない、でも原則は捨てない

イ・クッチョン

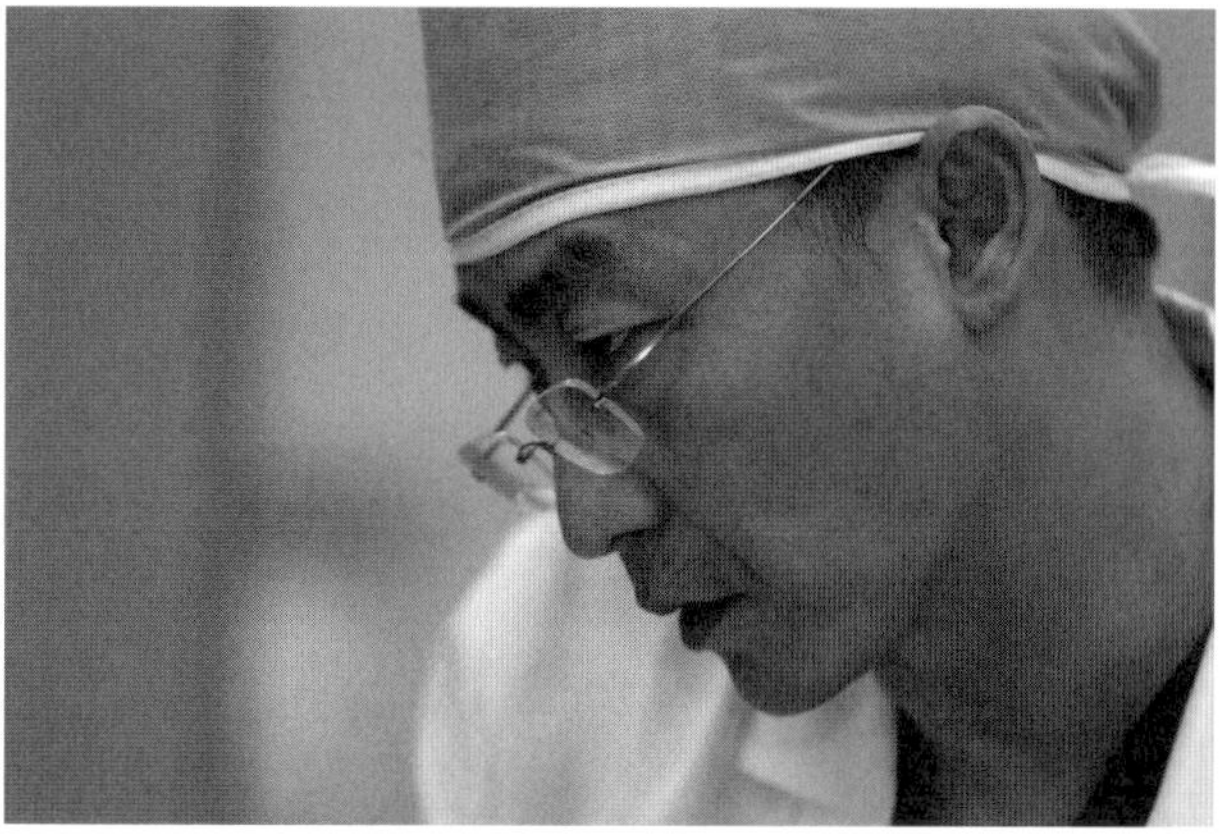

私は彼を「韓国の外傷外科医として最高のスペシャリスト」「アデン湾の英雄[*1]」と呼ばないでおこうと思う。ソマリアの海賊に拉致されたソク・ヘギュン船長を、現地に駆けつけて劇的に救い、ドラマ『ゴールデンタイム』や『浪漫ドクター　キム・サブ』の実在のモデルとして知られる彼を、新聞とテレビはカリスマ的な国民英雄、天才的な外傷外科医と絶賛する。しかし視聴者の賞賛と喝采は一瞬にすぎず、彼を抑えつけようとする現実的な壁は圧倒的だった。彼に降りそそぐ「最高」「唯一」「英雄」といった称賛は、彼を妬む者たちによって、時に諸刃の剣ともなった。彼が苦労して築き上げた制度も、自分の利益しか考えない者たちによって、成果を奪い合うための道具となった。イ・クッチョンは「一人抜きん出た英雄」になることを決して望まなかったが、世間は彼を孤独なリングに立たせて、スーパーマンのような活躍を期待し、応援した。残酷なことだ。

二〇一七年九月、二回にわたり水原《スウォン》にある亜州《アジュ》大学病院の京畿《キョンギ》南部地域重症外傷センターで彼に会った。彼へのインタビューは、夜間当直中の彼が緊急患者の手術や重症患者の診察をする合間合間、わずかな手すきの時間に行われた。初回は明け方の四時、二回目は明け方の五時まで、彼のそばに張りついて聞いた話が、二十五個の音声ファイルに切れ切れに録音されている。患者のもとに駆けつけて戻ってくるたびに、彼はまるで苦しい戦闘を終えた兵士のように疲れ切っていた。「針を突き刺しても血の一滴すら出そうにない」、そんなカリスマの鎧《よろい》を脱いだ時、イ・クッチョンの素顔は嵐に巻き込まれた小さな花びらのように危うく見えた。週末も休日もなく三十六時間連続で仕事をし、わずかな睡眠を取った後にまた三十六時間連続で仕事をする生活が何年も続いている。その合間に彼が書き留めてきた備忘録には、多くの懐疑と挫折が記録されていた。

目の前の戦いは途方もなく思えた。誰も知らない戦場で、わずかな兵力とみすぼらしい武器で前進と後退を繰り返さねばならない。そうしてようやく指の関節一つ分だけでも進むことができる。その最中にも、生は数えきれないほど死にゆき、わずかな兵力も消耗してしまう。待ち続けることは至難の業であり、私にはじっと我慢し続ける自信はなかった。（イ・クッチョン「備忘録」より）

インタビューにあたって、事前に準備した質問などは後回しにした。私が彼に聞きたいことより、彼自身がずっと誰かに話したかったことに耳を傾けようと思った。彼を絶望させたこと、彼

＊1　二〇一一年一月十五日、アデン湾でソマリアの海賊に韓国の貨物船三湖《サムホ》ジュエリー号が乗っ取られた事件。韓国海軍による救出作戦が行われ、重症の船長を救ったイ・クッチョンは船を守った船長と共に「アデン湾の英雄」と呼ばれた。

が心から訴えたいこと、今すぐにでも辞めてしまいたいという気持ちとそれができない精神的葛藤、献身的で正直な同僚たちに対する感謝と自責の念について彼は胸の内を明かした。このインタビューは「アデン湾の英雄イ・クッチョン」ではなく、血を流しながら不動の鉄壁をよじ登る、生身の人間イ・クッチョンの物語だ。

初めて彼に対面したのは、屋上に上がるエレベーターの前だった。約束では夜の七時に病院の食堂で会う予定だった。

「本当に申し訳ありません。もうすぐ患者が到着するんです。屋上にあるヘリポートに行くところです」

彼は手術着の上に蛍光色のジャンパーを羽織っていた。三〜四分後に、消防のヘリコプターが夜空を割くように重症外傷センターの屋上に近づいてきた。待機中の医療チームが移動用のストレッチャーを押して、風を受けながらヘリコプターに向かって走っていった。患者を素早くストレッチャーに移す間、屋上に駆けつけた医師と看護師が患者の容態をチェックする。

「瞳孔が開いています。気管挿管しました。サチュレーション（動脈血酸素飽和度）六十です」

エレベーターの中でイ・クッチョンが患者について尋ねる。

「若い人か？」

「身元はわかりません。オートバイ事故です。警察が現場から財布と携帯を持っていきましたから、ご家族には連絡が行っていると思います」

患者はすぐに一階のトラウマベイ（外傷蘇生室）に運ばれた。重症の外傷患者の診察と検査、手術を同時にできるように設計された場所だ。患者が運び込まれるや壁面のタイムウォッチが時間を刻み始め、医療スタッフ六、七人が張りついて一糸乱れぬ動きをする。イ・クッチョンが超音波検査をしている間に、他のスタッフはいくつもの点滴をつなぎ、採血をし、レントゲン撮影をした。名前がわからないため、カルテに「無名様」と書かれた患者がICUに運ばれていくまでにかかった時間は二十三分二十七秒、事故現場から移送されるのにかかった時間は七、八分、合わせて三十分余りで処置が終わった計算だ。交通事故や墜落事故、自傷などの重症患者にとっては、事故後一時間が生死を分けるゴールデンタイムとなる。夜八時過ぎになってようやく、彼は少し遅めの夕食を取ることができた。

ヘリコプターが患者を移送するのを見たのは初めてです。名前も知らない人を助けるためにこんなに必死になる人たちがいるんだと思ったら、何だか泣きそうになりました。

――話の途中にすみませんが、私のところに来られたのは間違いかもしれません。

彼が私の目を正面から見据えて、スプーンを置いた。困惑した。

なぜですか？　懸命に助けようとする皆さんを見ると、生命に対しての畏敬の念も持つし……。

——とても美しいお考えだと思いますが、生命を救うとか何とか考えていたら、仕事なんか一日たりともできませんよ。「私はこんなに偉大な仕事をしているのに、世間はなぜ私に冷たいのか」って、そう思うんじゃないですか？　医者がヘリコプターに同乗するのに、医療保険の点数は十ウォンにもなりません。我々には成功報酬的なインセンティブもほとんどないどころか、医療保険が赤字だからと給料を削られたりもするし。ただ仕事だと思っているだけです。私のことをわかっていらっしゃらないようですね。

わかっていないと？

——私がこの程度の人間だということをわかっていないし、いいように考えすぎだと思います。私はこれしかできない人間なんです。病院の外でもクズ、中でもクズ、みんな私のことが嫌いですよ。

なぜ嫌いなんですか？

——うるさいから。イ・クッチョンがいなければ「エブリバディ・ハッピー」なのに、いつもやかましいって。

食事がどう喉を通ったか覚えていない。彼の言い方には冷笑と自虐、憤怒と絶望が入り混じっており、真意の程を知るのは難しかった。それでもありがたいことに、私に向かって帰れとは言わなかった。ただ彼や彼の同僚が「偉大なヒューマニスト」と単純化されてしまうことへの強い警戒心と不信感で、神経が過敏になっているようだった。

死にも階級がある

亜州大学病院の京畿南部地域重症外傷センターは二〇一六年六月、地上五階、地下二階の独立した病院として正式にオープンした。重症外傷患者の診察と検査、手術から入院までを一ヶ所でできる施設で、八つのトラウマベイとＩＣＵが四十床、一般病棟や各種検査室等がある。「重症外傷」とは多発性外傷を指す。大きな物体にぶつかったり、巻き込まれたり、あるいは墜落した場合などでは、手足と骨、臓器などの損傷が複合的であり、出血がひどい患者には迅速かつ正確に措置を施さなければ命取りになる。救急外来を利用する人のうち、韓国では二〇～三五％が外傷患者であり、さらにそのうちの三五％以上が移送過程の問題、応急治療の不十分さなどで亡くなっている。

大型病院は病床回転率を上げるために、手術日程の調整がしやすい一般患者を好み、また癌センターや脳血管系クリニックのようにお金になる診療部門に力をそそぐ。重症外傷患者は救急病院を探し回ったあげく、その途中で死に、手術室が空いてなくて死に、執刀医がいなくて大した治療も受けられないまま死ぬ。彼らの大部分は電話一本で医者を呼び出せるコネや縁故がない庶民たちだ。二〇一〇年に『ハンギョレ21』[*2]のキム・ギテ記者が一週間にわたってイ・クッチョンのチームと一緒に寝泊まりをしながら調査したところによると、重症外傷患者の大多数は飲食店の配達人、スーパーマーケットの店員、日雇い労働者、生産現場の労働者、零細の自営業者、無職の人々といった一般庶民だった。

海外でも重症外傷患者には肉体労働者が多いのでしょうか？

――どこの国もみんな同じです。もちろん事務職の人だって怪我をすることはありますが、出勤や帰宅途中などに怪我をするケースがほとんどで、仕事中にどこかから落ちるとか、何かが倒れてきて怪我をすることはないでしょう。先進国に外傷センターを建てられたのは、国家経済の底辺を支える基盤が、そんなブルーカラーの人々だからです。軍人のための総合病院をつくり、警察のための警察病院をつくるように、国の基幹産業に従事する彼らが、一生懸命働いて怪我をした時にきちんと治療を受けられなければ、危険な作業現場で働けと言えないでしょう。

最小限の社会安全網になっているわけですね。

――その人たちを救うのは国家の生産性という面でも重要なことです。外傷は四十歳以下の若い人々の死亡原因の一位です。さっきのオートバイの患者もそうじゃないですか。エアバッグが六個ついた高級車に乗っていたら、あんなふうになりますか？　オートバイで宅配の仕事をする人は若者である確率が高いのですが、そんな若い人たちが死ななくて済めば、これからもずっと働くことができますよね？　税金もきちんきちんと納めながら。前に宅配のバイト中にオートバイ事故に遭って、結局脚を切断した子がいたんですが、障害があるにもかかわらず大きな会社に就職できたと、お礼の挨拶に来てくれました。若い人たちの場合は、命を救ってあげさえすれば、また働こうとする意欲も体力もありますから、国家の生産性を上げることにもつながります。

「予防可能な死亡率」というのは、「迅速で適切な治療をすれば救うことができるのに、それができずに死にいたってしまう比率」という意味ですよね？　二〇〇八年度に梨花《イファ》女子大学のチョン・グヨン教授が調査した数値が三五・二%でした。死亡者三人のうち一人は救うことができたという計算になります。

――実際にはそれよりもはるかに多いと思います。

＊2　一九九四年創刊の週刊誌。韓国のリベラルを代表するメディアとして、創刊当時は強い影響力を持っていた。

政府が二〇一五年までに二〇%に減らそうとしているということですが、最近の統計は出ていますか？

――正確な基準やデータそのものがないんです。

では、二〇%台に減らすとか何とかいうのは……。

――簡単ではないでしょう。二〇〇七年から二〇〇八年にかけて、英国のロイヤルロンドン病院の外傷センターにいた時のカルテをお見せしましょうか？　患者が一人死ぬと「死亡患者レビュー」というものを作成します。（カルテを指差しながら）ここを見てください。ヘリコプターの出動を要請したのが八時四十分、現場到着が九時五分。そして患者の状態がどんなふうで、どんな検査と処置をしたかをすべて書きます。そこから始まって最終的に死を防ぐことができたのかできなかったのか、四段階に分けて評価します。

イ・クッチョンは関連論文を探してプリントアウトしてくれ、彼のノートパソコンに保存してあった図表や絵を指差しながら、詳しい説明もしてくれた。彼の態度は食事の時とは全く違っていた。私が彼の「伝説的エピソード」や美談にだけ関心を持っているのではないことが、彼を多少なりとも安心させたようだった。

韓国でもそんなふうにレビューを作成しますか？　防げた死なのかどうかを検証するために？

――書けないでしょう。カルテに残せば大変なことになると思いますよ。

では、予防可能な死亡率の統計を作れる一次データがないんですね。

――データもないし、「まずい」と思うから、お互いそれには触れませんよ。いくつかの病院で試験的、スタディ的なレベルでやるぐらいです。

「イ・クッチョン法」ができても変わらないこと

イ・クッチョンが外傷外科に本格的に足を踏み入れたのは亜州大学医学部で博士号を取った翌年の二〇〇三年、米国カリフォルニア大学のサンディエゴメディカルセンターで研修を始めてからだった。指導教授であるデビッド・ホイット教授（全米外科学会会長）は口癖のように「テンポ」を強調した。医師たちが病院の屋上でヘリコプターに乗って直接出動する「病院の前段階」から「救急処置」「手術」「ICU」「リハビリテーション」の五段階が有機的に結びつき、遅滞なく一定のテンポで連係した時に患者は助かる。二〇〇七年から二〇〇八年、ロイヤルロンドン病院の外傷センターで仕事をしたことは、彼にとって大きな財産となった。医師たちは病院の屋上に常駐するヘリコプターに乗って、一日に四、五回ずつ事故現場に直接出動し、悪天候でも命がけで患者のもとに駆けつける。

イ・クッチョンが夢見たのは、韓国にもそんな世界レベルの外傷外科システムをつくることだった。重症外傷センターを設立して、ゴールデンタイム内に患者を移送し、手術をして救うこと。ところが、現実はそれほど甘くなかった。彼は病院に赤字だけをもたらす「厄介者」だった。重症外傷センターは保険の診療報酬がとても低く、瀕死の患者を救えば救うほど赤字が増えていく。二〇〇九年に八億ウォンを超えた外傷外科の赤字は、二〇一二年には二十億ウォンまで跳ね上がった。彼がソク・ヘギュン船長の命を救ったことで、さらに患者が増えたからだ。周囲ではあからさまに彼に圧力をかけ、解任しようとする動きも繰り返された。彼の名前がついたイ・クッチョン法が二〇一二年に制定され、政府が全国の地域外傷センターを支援するという方針が伝えられたことで、「イ・クッチョンがスター気取りでメディア操作をしている」という非難まで湧き上がった。

「イ・クッチョン法」によって全国に地域外傷センターができたのなら、そのエリアで発生したどんな重症外傷患者もただちにセンターに移送され、治療を受けられるべきですよね？　それなのに、二〇一六年にも交通事故に遭った二歳の子どもが、治療してくれる病院を探せずに、六時間もの時間を無駄にして亡くなったという痛ましいケースがありました。どうしてそんなことが

起きてしまうのか？　常識的には理解できないのですが。

——まだまだ先は長いですよ（ため息）。政府が財政支援をすると言うもんだから、全国の病院がこぞって、今すぐ自分たちの地域に外傷センターができなければ多くの患者が血を流しながら死んでしまうと、それは立派な事業計画書を作って提出したんです。ところが実際に地域外傷センターに指定されて支援金を受け取った途端に、こんどは患者がいないと言うんです。一日に一人来ようが百人来ようが、もらえる支援金は同じですから。

患者は行くところがなく、外傷センターは患者がいない。どうしてそうなってしまうんですか？

——それなりの模範的事例を一つ二つ作って、しだいにそれが細胞分裂するように増えていかなきゃいけないんですが、外傷外科の基礎も知らない人たちがあちこちで外傷センターを運営しているのが問題なのです。政府はどうしてそんなふうにしたのかわかりませんが、支援対象を適当に選んでお金をばら撒いてしまえば、それで済むという考えなんでしょう。

資格と実績が足りなければ、地域外傷センターの指定を取り消さなければいけないんじゃないですか？

——基準に満たないようなら指定を取り消して支援金を返還するようにと、法的にはそうなっているんです。でもそんなこと、わざわざする人なんかいませんよ。官僚主義とご都合主義がからみ合っていて……。外傷センターの病床は一般患者の診療に転用してはいけないと法的にはきちんと決められているのに、患者がいないから外傷センターの医者たちを他の業務に投入しようとか、まあ勝手なことばかり言って。国から給料が出ていないならともかく、税金から億単位の年俸支援を受けているんです。だったら患者の治療のために、消防車だろうがヘリコプターだろうが構わず乗り込んで、事故現場に駆けつけるべきでしょう。我々みたいに消防ヘリの出動を要請して、実際に医療スタッフが乗り込んでいくセンターは本当に少ないんです。

消防のヘリコプターではなく、医療用のヘリコプターを導入しましたよね?

——全国に六機あります。保健福祉部が一機につき一年に三十億ウォンずつリース費用を払い、乗る医師にも手当をたっぷり支払っています。でも夜間は飛ばさないんです。危険だからと。

先ほどのオートバイの患者は夜間に移送されてきたじゃないですか。

——本当に危険だから飛ばさないのかどうか、誰もそこをはっきりさせようとしないんです。亜州病院にはドクターヘリが配備されていないので、我々は消防のヘリで患者のもとに駆けつけます。消防のヘリは乗っても手当は全くつきませんが。

手当なしですか? 一種の緊急往診なのに。

――ないですよ。逆に一筆取られますよ。「飛行中にどんな事故があろうとも災難安全管理本部に民事刑事上の責任は問わない」と書いた誓約書にサインをして乗るんです。我々は消防のヘリに乗って途中で死んでも国立墓地には行けません。消防隊員ではないから。まあ、そんなことはどうでもいいんですが。

保険には入っているんですよね？

――保険でもこういうのは支払いの対象にはなりません。ヘリコプターに乗って肩の骨を折った時には、保険会社から連絡も来ませんでした。

一年に三百回近くヘリコプターで患者を移送し、本当に緊急な時にはヘリコプターの機内で胸を切開して心臓マッサージをしながら、死の瀬戸際まで行った患者の命を救ったことで、亜州大学の重症外傷センターは予防可能死亡率を九%台まで大幅に下げることができた。そうしている間に、イ・クッチョンの身体は満身創痍の状態になっていった。右肩はセウォル号の事故現場に行って骨折し、左の膝はヘリコプターから飛び降りた時に負傷した。左側の目はほぼ失明状態であることが、二年前に職場の健康診断で発見された。右側の目も放っておけば発病の危険があると言われた。

医者が視力を失くしたら大変じゃないですか？　何の病気なんですか？

——網膜血管の閉塞と破裂。八十代の糖尿病患者がかかる病気です（笑）。睡眠不足が症状を悪化させるらしいんですが、どうしようもありません。母が知って悲しんでいます。父も左目を失ったんですが、「そんなところまで似なくても」と言って……。

彼の父親は、朝鮮戦争の直後に地雷の破片で網膜を損傷して失明した。大学まで卒業したインテリだったが、戦争に青春を捧げた父親は社会の中でそれにふさわしい居場所を見つけることができなかった。

ご存命でいらっしゃるんですか？

——二〇〇〇年に亡くなりました。父は真っ直ぐな人でした。国際空港の経理部に何とか職を得たんですが、みんなが駐車料金をくすねるのに目をつぶっていられなかった。そのことで地方空港に左遷になり、辞めてしまいました。汚い職場だと。

確かにお父様にそっくりでいらっしゃる（笑）。医者になろうというのは、いつ頃からそう思ったのですか？

——父は国家有功者[*3]なので黄色の医療カードを持っています。それを持って病院に行くと、何で来たのかと露骨に嫌な顔をされるんですよね。当時、町内に「キム・ハクサン外科」という病院があったんですが、そこの院長だけは冷たくなかった。患者本人の負担分は受け取らずに、逆に私にお小遣いまでくれたんです。こんないいお医者さんになれば、お金も儲けられるし、良いこともできると思ったんです。

私が捨てられない最後の原則

外傷外科医の仕事をして十五年ということですが、プライベートで失われたものも多かったんじゃないですか？

——韓国社会のドロドロとしたものをすべて見たような気がします。私が自分の力量に見合わないことをしたせいで、うちのセンターの同僚たちまで道連れにしてしまったようで、何とも気が重いです。

＊3　戦争や民主化運動をはじめ、様々な分野で国家のために貢献したり、犠牲になった人々。韓国政府から正式認定された本人と遺族には、様々な優遇制度がある。

今年の秋夕《チュソク》*4連休も家には帰れないんですね？

――連休が始まる金曜日から、ものすごい数の患者さんが来ます。連休が一番怖いですね。

三十六時間も徹夜で仕事をしていて、いつ家に帰るんですか？

――私は、まあ……。一緒に仕事をしているチョン・ギョンウォン先生は一年に四回しか家に帰れなかったこともあります。

そんな働き方では長く続かないんじゃないですか？　健康も私生活も犠牲にしながら。

――無理ですよ。無理に決まっている。それはわかっているんですが、ダメなんです。何ともならないし、私が何とかすることもできない。

それでも十五年間で得たことがあるとしたら？

――悪名？　ワンマンだとか、向こう見ずだとか……。

どうしてそんな言い方をされるんですか？　命を救われた人たちがいるじゃないですか？　先生のおかげで。

――……それは、医者なら、誰でもすることです。

辞めようと思ったこともおありですか？

――それはもう何回も。産業人力公団[*5]がサウジへ医師を派遣する時にも志願して選ばれたんですが、国のプロジェクトそのものがなくなってしまって、とても悔しかったですね。

それだって、貧しい人たちが亡くなったり、怪我をしたりするような現場じゃないですか。大きな括りでは今と変わらない（笑）

――でも、レーザーでホクロを取るのも上手いですよ（笑）。一つ取れば一万ウォン、十三個取れば十万ウォン。

先生が取ってくれるんだったら、私も行きますよ（笑）

無表情だった彼がかすかに笑った。寂しいような虚しいような、そんな微笑みだった。深夜の

＊4　旧暦八月十五日の中秋節。韓国では先祖供養の日にあたる。
＊5　韓国産業人力公団。雇用労働部傘下の公的機関で、人材育成を主な目的としており、海外協力事業なども行っている。

三時過ぎ、彼はあいかわらず手術着を着て手術帽をかぶったままだった。

もう一度……聞いてもいいですか？　この間に得たものは何ですか？

――（しばらく沈黙）仲間です。いい人ばかりです。まともじゃないとも言えますが、バカみたいに純粋で邪心のない人たち……。

彼は感謝すべき人たちの名前を順番に挙げていった。家にも帰らずに患者にかかりきりの重症外傷センター専門医であるチョン・ギョンウォン先生、カナダでもっと条件のいい仕事ができるチャンスを捨ててまで苦楽を共にしてくれた看護師のキム・ジヨンさん、危険なことでも一も二もなく先頭に立ってくれる消防ヘリのイ・ソンホ、イ・セヒョン、イ・インブン、パク・ジョンヒョク、ソク・フエソン機長……。

イ・クッチョンはクリップできれいにまとめた彼らの写真を見せてくれた。研究室の簡易ベッドの横に置いて、無力感に苛まれてつらい時などには、その写真を一枚一枚見るのだという。

先生が考える「医者としての原則」は何ですか？

――医者でも何でもプロフェッショナルとしての原則というなら……「誠心誠意」ということです。どんな問題においても真摯《しんし》に最善を尽くす姿勢、人生を振り返った時に心をこめて真剣に仕事をしたと自分で認められること。

明け方の四時五分、彼は呼び出しのコールに飛び起きた。刃物で切られた急患だという。彼と軽く挨拶を交わして建物を出た。まだ外は真っ暗で、白く光る重症外傷センターの建物はあたかも不夜城のようだった。そこでは彼と彼の仲間たちによる、まさに死線を巡っての攻防戦が繰り広げられていた。

私は外傷外科の医師だった。彼らを救うことが私の仕事だった。それなのに、私の目の前で彼らは死んでいった。戦えば戦うほど、私がいる戦場が決して一人では戦えないことを思い知らされた。必要なのは「システム」だった。しかし誰もそれが何であるかを知らず、知らせようとしないから知りようもなかった。（イ・クッチョン「備忘録」より）

イ・クッチョンに再び会った

彼のインタビュー記事が出て二ヶ月後、彼の名前が速報で流れた。二〇一七年十一月十三日、銃傷を負い板門店《パンムンジョム》の共同警備区域を越えて脱北した兵士が、駐韓米軍の医務航空隊「ダストオフ」

によって亜州大学の重症外傷センターに緊急護送されたからだった。五発もの銃弾を受け死の淵まで行ったオ・チョンソン兵士の手術を執刀し、彼を奇跡的に蘇生させたことでイ・クッチョンは「神の手」「韓国のマックドリーミー（米国ドラマ『グレイズ・アナトミー』の登場人物の愛称）として国内外で再び伝説的な人物となった。

彼の語録、インタビュー、患者や知人などの証言はもちろん、彼の家族や私生活、彼が使っているブラックベリーの携帯電話に古びた腕時計まで、彼の一挙手一投足が国民の注目を浴び、メディアと各種団体は先を争って彼を「今年の輝ける人物」に選んだ。「イ・クッチョンのような医者が思う存分に働けるように重症外傷センターへの支援を拡大してほしい」という大統領官邸への請願に二十八万人が参加したことで、パク・ヌンフ保健福祉部長官は亜州大学の重症外傷センターを直接訪問し、彼との三時間にもわたる話し合いの末、診療報酬の改善、人員の補充、予算の増額など外傷センター改善のための総合対策を発表した。二〇一七年よりも四十億ウォン縮小されていた二〇一八年度の地域外傷センターの予算は二百十二億ウォン増額となり、ドクターヘリ五台が追加導入されることになった。

二〇一八年三月はじめ、「イ・クッチョン旋風」が少し落ち着いてきた頃に、私は再び彼に会った。押し寄せる患者のせいで彼は以前にもまして忙しくなり、真冬の極寒の中でも、祝日をはさんだ連休などでもヘリコプターに乗り、夜通し患者の手術をしていて、電話で話す時間すらもままならなかったと言った。何ヶ月ぶりかで会った彼の顔は以前にもましてやつれているようだった。二〇一二年に外傷センター設立を制度化した「イ・クッチョン法」に続き、二〇一八年には「イ・クッチョン支援対策」として、再び彼自身の名前が入った画期的制度改革をもたらしたのだが、彼のひび割れた声は依然として果てしない絶望に包まれていた。

「二〇一七年の一番会いたい人物」「もっとも尊敬する人物」「韓国社会を明るくしてくれた人物」に選ばれましたね。

——……。

ご存じでした？

——いいえ、知りませんでした。

大韓民国三大アンタッチャブルがパク・チソン、キム・ヨナ、*6 そしてイ・クッチョンだそうです（笑）

——聞いたことないですよ。そんなふうには思いませんし。私とは関係ない話でしょう。

＊6　パク・チソン、キム・ヨナは共に韓国を代表するアスリートであり、国民的スター。

インターネットで「イ・クッチョン」と検索してみたことはないですか？

——そんな恥ずかしいこと……。

どれほど話題の人物だったか、名声を実感していらっしゃらないんですね。

——名声？　そんな大それたこと、考えたこともないです。本当に一度も。患者さんの中には私のことを知っている人もいるみたいですが……。名声とか人望とか、社会的信望みたいなものは私には当てはまりません。全く実感がないんです。私がしていることは、外国ならば外科の医師が普通にやっていることであって、特別なことではないですから。

国民請願[*7]のおかげで保健福祉部の地域外傷センターへの追加支援も出ました。少しは状況がよくなりましたか？

——国民の皆さんには本当に感謝しています。直接おいでいただいて、長時間お話を聞いてくれた長官にも感謝していますし。ただ、実際に私が長官に申し上げたのは「いっそのこと地域外傷センターをなくしてしまおう」という話です。ソウル大のキム・ユン教授の言葉を借りるなら、「大韓民国の医療系カルチャーが変わらなければ解決しない問題」ということになります。当初、外傷センターを計画した時から間違っていたのです。二〇一二年に外傷センター設立の議論が始まった時点では、六つの地域に八百億ウォンずつ支援するという話だったのが、最終的には十七地域に八十億ウォンずつ細かく分けて配分してしまった。世界標準に合わせようとするなら、まずは今よりも大規模な拠点センターを試験的に運営し、その後で段階的に中小のセンターを指定していくべきだと言ったのです。

慢性的な人員不足を解決するために、外科系の専門医が地域外傷センターで一定期間トレーニングを受ける法案も政府では検討すると言っていましたね。

——長官には、それは難しいだろうと申し上げました。そのせいで外科学会から何十回も電話がかかってきて、ふーっ……。それでなくても外科の研修医が足りないのに、そんなことができるのかと、抗議が殺到しましたよ。

地域外傷センターの職員の給料を大幅に上げてくれるとか？

——まったく……。あの程度の予算では、地域外傷センターのどこか一つをグローバルスタンダードに合わせるぐらいが精一杯でしょう。今回、増額されるという予算を十七ヶ所に分けてみてください。うちの病院の看護師は二百二十人ですが、全体の増額分を十七分の一にして、さらにそ

＊7　文在寅《ムンジェイン》政権時代に発足した制度。大統領府のホームページに登録された請願が、三十日以内に二十万人以上の賛同を得られると、政府当局は何らかの回答をしなければいけない。

れを二百二十で割ると、一人あたりいくらになるか。そうやってチビチビ上げても意味ないんですよ。実際、看護師たちは給料を上げてくれと言ったことはないんです。外傷センターの看護師たちがどうして辞めてしまうのか。重症患者の場合、国際的な基準では看護師一人につき患者一人が通常なんですが、韓国の場合は看護師一人につき重症患者二人というのが、看護一等級基準とされています。そんな一等級基準にも満たない外傷センターなどは、すべて指定を取り消すべきです。二等級の場合なんか、看護師一人で重症患者三、四人も看ているんですから。

一人あたりの給料を上げるよりも全体の増員が必要ということですか？

——先進国どころか東南アジアと比べても韓国の看護師一人あたりの患者数はめちゃくちゃ多いんです。ソク・ヘギュン船長をオマーンの病院からお連れしたんですが、オマーンでは看護師一・三人に重症患者一人の割合でした。韓国の看護師が看ているのはその三倍ですよ。耐えられますか。だから離職率が高いんです。看護協会や看護大学の人たちは何をしているんだか。この問題について国会前で頭を丸めて抗議すると言われたら、私も一緒に頭を丸めるつもりです。看護師は大変な過重労働を強いられているから、特有のパワハラやいじめなども起きやすい。医者も同じです。必要な医師の数の三分の一にしかならない人員で患者を診ている。病院のロビーや外来の空間だけ大理石でピカピカにしてどうするんですか。ICUでは医者も看護師も足らず十分なケアもできずにいるのに、医療スタッフを拡充しなければ文在寅《ムンジェイン》ケア*8も意味がなくなります。

文在寅ケアに反対する医療関係者たちはイ・クッチョンさんの話をよくする。診療報酬が改善されてこそ、イ・クッチョンのような医師がちゃんと診療できるようになると。

——私は医師協会の立場とは少し違います。医師協会では低い診療報酬を問題にしていますよね。低報酬の損失分を保険適用外の部分で埋め合わせているのに、保険適用外の項目を減らすというので医師協会は反発しているんです。私は診療報酬の引き上げよりも、積もり積もった医療業界の積弊を清算することが切迫した課題だと思っています。

医療業界の積弊というと……。

——ひどい職場環境をそのままにした状態で、「やればできる」精神で頑張らせようとすること。私が医学生だった頃もモップで殴られたりしましたよ。なぜかって？　殴らないと寝てしまうから。人手が足りないから寝る暇がないんです。医師たちを殴って、看護師たちをいじめて、世界最高の戦士にしようって？「突撃、前へ」式に推し進めて、表面的な成果を上げることにだけ

＊8　二〇一七年に文在寅大統領が打ち出した健康保険の保障性強化対策。韓国は国民医療費に占める公的医療費の割合がOECD加盟諸国の平均よりもかなり低いため、保険適用の範囲を広げたり、医師の指名診療制を廃止するなどの措置を通し、患者の自己負担額を下げようというもの。

汲々とする、それって過去の高度成長期の積弊ではないですか？　そんなふうに仕事をしていたら、どんな分野でも持続可能性はありません。

地域外傷センターの劣悪な現状だけではなく、最近あった木洞《モクトン》の新生児病棟事件[*9]やソウル峨山《アサン》病院の看護師の事件[*10]なども、同じく医療業界の積弊に起因する問題だというのが彼の主張だ。イ・クッチョンは全国民の偶像となりながら、一方で全国民の非難の的になったわけだが、そんな上っ面だけで物事を見てはいけないのだと、一体マスコミは何をしているのかと彼は声のトーンを上げた。根本的かつ構造的なアプローチ、誤った慣行とシステムを全面的に見直すこと、そういったことに本気で取り組まないかぎり何も変わらない、恩着せがましい、その場しのぎの対策だけでは意味がないのだと。

そのために国民は何をすればいいんでしょう？

——さて……、地域外傷センターをなくせと、医療基金の無駄遣いをやめろと、請願されたらいいのでは？（笑）。いっそのことすべてをまっさらな状態にして、新たに一から始めたらいいんじゃないかと思うほどです。

もとからそんなに冷笑的だったんですか？

――子どもの頃はそんなことはなかったと思います。困難にぶつかっても、アニメの主人公キャンディみたいに、「寂しくたって、悲しくたって、私は負けないんだ」という気持ちに酔いしれていましたよ。まるで浮草のように小学校だけで六回も転校したせいで、学校の名前すら覚えていません。食事も与えられない孤児同然の暮らしでしたが、弱みを見せてたまるかと、歯を食いしばって耐えたのですが……。新設の医科大学（亜州大学医学部第一期）に入ったのが間違いだったみたいです。外傷センターの仕事をしたせいで、見なくていいものを嫌というほど見ましたよ。

出身大学による医師同士の序列主義や派閥主義のせいですか？

――世の中の恐ろしさが身にしみましたね。ソク船長の治療にあたった後、私の名前が新聞の片隅に登場したことでイ・クッチョン法を作り、救急医療基金を延長させました。ところがうちの病院は地域外傷センター事業から外されて、私の名前と引き換えに導入が決まった医療へリコプターは他の病院に配置されたのです。それが飛んでいくのを見た時……あの時に経験した病院の

＊9　二〇一七年十二月、梨花《イファ》女子大学付属木洞病院の重症患者室に入院中の新生児四名が一晩のうちに亡くなり、医師と看護師計七名が業務上過失致死容疑で送検された。一、二審とも無罪となった後、二〇二二年十二月十五日に最高裁が検察側の上告を棄却し、被告七名全員の無罪が確定した。

＊10　二〇一八年二月にソウル峨山病院の新人看護師が自殺した事件。原因として、新人看護師に対して教育や訓練の名目で行われるいじめがあったとされている。

中と外の冷たい視線は一生忘れられないでしょうね。今もあの時の夢を見ますよ。診療名簿から私の名前がはずされ、私を誹謗《ひぼう》する連判状が回って……。本当に、世の中は恐ろしいものです。

でも信頼できる同僚の皆さんがついているじゃないですか。

――一緒に仕事をしている同僚たちがやる気をなくすんじゃないかと、嫌な話をしないようにしています。でも、あんまりにも話をしないものだから、実は私が四面楚歌の状態になっているのも知らないようで、それはちょっと寂しい時があります。人として。ひょっとしたら、これもすべて私のせいかもしれません。そもそも地域外傷センターを韓国社会に導入しようとしたことが、高望みすぎたのかもしれない……。

昨年の秋に会った時もこの春に会った時も、イ・クッチョンは「もう見切りをつける」みたいな言い方をしていたが、私は彼がおいそれと引き下がらないことを知っている。彼は私と会う前も、会った後にも、地域外傷センター改善計画のために各種討論会や学会、政策発表会に参加して、厳しい意見を述べることをやめなかった。彼は何をしても変わらぬ医療の現実に対して怒り、落胆し、シニカルな態度を見せるが、患者を救うことに関しては、ソク・ヘギュンだろうが、オ・チョンソンだろうが、名も知らぬ無名の人だろうが、火の中水の中へと飛び込んでいく。インタビューの間ずっと、極度の疲労と虚脱感で倒れそうな有様だったが、突如何かが乗り移ったかのように生気を取り戻し、彼の声に力がこもる瞬間も何回か目撃した。それは一刻を争う患者に向かって走っていく時、そして再び疲れ切った様子で研究室に戻ってきて、壁に貼られた知人たちの写真に目をやった時だ。

「ちょっと、こちらに来てください」。後ろをついて歩いていた私を手招きして呼ぶと、額に入った写真の中の男を指して彼は言った。「この、私の横に立っている人がブライアン・オールグッド大佐です。彼はイラク戦に行って亡くなりました。危険な場所だと知りながら、万死を冒して本人自らが陣頭指揮を執るために行ったのです」

死に瀕した兵士を救助するためにヘリコプターで出動し、死亡した米軍の外傷外科医ブライアン・オールグッド大佐が、日頃から口癖のように言っていたことを彼は覚えている。「私の兄弟たちが、まさにそこにいるのです。何をおいても駆けつける!」と。海軍の古びた小型潜水艦に乗って深海で任務を遂行する友人チョ・ヒョンチョルが言った、「貴い任務を遂行するという事実そのものが、我々にとっては報いとなる」という言葉を引用する時も、「古びた装備と補給不足に不満などは言わない。我々が置かれた状況の中で最善を尽くす」と言った海軍時代の先任兵士の話を回顧する時も、彼はそうだった。色濃い疲労もしばし忘れたかのように、彼の目は自負心と使命感でキラキラしていた。

イ・クッチョンにとって心の支えとなっているのは、彼を国民的英雄として仰ぎ見るファンたちの拍手喝采などではなく、明快で純粋な誠意をもって各々の分野での任務に心血をそそぐ、まさに大勢のイ・クッチョンたちではないだろうか。彼と別れる際に、「先生、頑張ってください」みたいなことは言えなかった。そんな言葉が彼の励ましになるとは思えなかった。彼に向かって、ゆっくりと言った。「私も、最善を尽くします」

彼との追加インタビューを終えてからしばらくすると、大韓医師協会では「文在寅ケア阻止のための国民向け広報戦略」としてイ・クッチョンをモデルにしたドラマの制作を推進するという記事が出た。彼が自分の名前が出るニュースに無頓着で、ほとんどの時間をWi-Fiのつながらない手術室やヘリコプターの中で過ごしているのは、何とも幸いなことではないだろうか。

翻訳者より

『浪漫ドクター　キム・サブ』とイ・クッチョン

イ・クッチョンは韓国の現役医師の中ではもっとも有名な人物かもしれない。彼をモデルにしたドラマ『浪漫ドクター　キム・サブ』（SBS）は二〇一六年秋に放映され、その大ヒットを受けて二〇二〇年にはシーズン2が、そして二〇二三年四月には待ちに待ったシーズン3もスタートした。主役のキム・サブ役にはハン・ソッキュ。長らくヒット作に恵まれなかった往年の大スターも、このシリーズで人気復活となった。

キム・サブは名の知れた外科医だったが、ある事件をきっかけに一線を退き、片田舎にある大学病院の分院で働いている。最新の医療機器もない古びた病院だが、その地域にとっては大切な医療拠点である。救急窓口には様々な急患が運び込まれ、週末の夜となればまさに阿鼻叫喚、野戦病院さながらとなる。手術室はフル回転、重症外傷患者の多くは一分一秒を争う。まさに時間との戦いとなる。

このドラマシリーズを見た人なら、インタビューでイ・クッチョンが話していることが、すぐにピンとくるはずだ。例えば、重症外傷患者の中には肉体労働者や零細な自営業者が多いことはドラマでも忠実に再現されているし、また彼をはじめとした多くの医師たちが自分の身体を犠牲にしていることも描かれている。それはリアルであり、現実社会でも二〇一九年に、中央救急医療センターのセンター長が旧正月の連続勤務の末に亡くなっている。

イ・クッチョンの収まらない怒りは、ドラマの中のキム・サブの怒りと重なる。

またシーズン3は銃傷を負った脱北者の緊急手術から始まるのだが、多くの人はここでも実際の事件を思い出すだろう。警察のヘリに乗って現場に向かう医師たち。キム・サブの夢だった地域重症外傷センターは既に完成しているのだが、まだドクターヘリは配備されていない。

ところで日本にはキム・サブの「サブ」を名前だと思っている人がいた。韓国語のサブは漢字にすると「師傅」である。つまりタイトルをそのまま日本語にするなら『浪漫ドクター、キム師匠』だろうか。いつも怒ってばかりだが、それでも仲間や弟子たちには尊敬され慕われる存在。ドラマの大きなテーマはキム・サブと彼の信頼する仲間たちの関係であり、現実のイ・クッチョンもそこは同じなのだろうと思う。

私はもっと勇敢で
あるべきだった

ノ・テガン

「被告である朴槿恵《パククネ》を懲役二十四年、罰金百八十億ウォンに処する」

二〇一八年四月六日、朴槿恵前大統領の公判で判決が下った。裁判所は、被告がノ・テガン前文化体育観光部体育局長に辞表を出すように指示したことについても、職権乱用罪と強要罪を認定した。ノ・テガンが「悪い人間」の烙印を押され、左遷されてから四年八ヶ月、まさに「事必帰正《サピルキジョン》*1」だった。メディアで彼の所感は報道されなかった。たとえメディア側の要請があったとしても、おそらく彼が一貫して言及を避けたのだろう。

大統領の指示で彼に辞職を強要したキム・サンニュル前教育文化首席秘書官とキム・ジョンドク前文化体育観光部長官が、それぞれ懲役一年六ヶ月と懲役二年の実刑を宣告された時もそうだった。コメントを求める記者の質問攻勢に対して、彼は「私が申し上げることは特にありません」と答えていた。不当にも公職を追われた彼が、文在寅《ムンジェイン》政権になってから文化体育観光部次官に華麗な復帰を遂げた時も同じだった。感動的な復帰所感を期待する記者たちの質問にも「感情的なしこりのようなものはありません」と一言コメントすると、平昌《ピョンチャン》オリンピックを成功させることだけに専念すると語った。ノ・テガンは寡黙で慎重な人間だ。公職に復帰した後で新聞に寄稿したコラムに、わずかに正直な胸の内を明かしただけである。

私が心の拠りどころとしている李滉《イファン》[*2]の教えを、すべての公務員に紹介したいと思う。「生きていれば前進も後退もあり、機会に恵まれることもあれば恵まれないこともある。結局は身を清め、義を尽くすのみ。禍福は論ずるべきではない」（ノ・テガン「悪い公務員にならないために……まずは自分自身の大義を探すことから」より。ソウル新聞、二〇一七年十一月二十七日付）

私がノ・テガンに会ったのは、彼が公職を追われ、民間団体である「スポーツ安全財団」の事務総長として勤務していた時だった。二〇一七年二月八日、ソウル市松坡《ソンパグ》区のオリンピック公園近くにある彼のオフィスを訪ねた日、高層ビルの隙間を吹き抜ける風は頬が切れそうなほど冷たかった。立春は過ぎていたが、そう簡単に春が訪れそうにはなかった。朴槿恵大統領の弾劾訴追案が国会を通過したものの、まだ何一つ新しいことは始まっていなかった過渡期であり、夜明け前の深い闇のように希望と不安が入り混じった時期だった。

大統領はノ・テガンのことを「悪い人間」と言った。チョン・ユラ[*3]の味方をせずに、事実関係に忠実な報告書を提出したことが禍《わざわい》となった。二〇一三年八月、朴槿恵大統領は手帳を開いて

＊1　物事は必ず正しきに帰すという意味。
＊2　一五〇一〜一五七〇。朝鮮王朝時代の儒学者。号は退渓《テゲ》。

彼の名前をしっかりと指差し、更迭するよう求めた。文化体育観光部の体育行政を担当していたノ・テガンは国立中央博物館に左遷されたが、そこで勤務して三年目、またしてもフランス製高級ブランドを販売するイベント開催に反対して睨《にら》まれることになった。「この人はまだいるのですか?」と大統領は尋ねた。公職生活三十二年二ヶ月、最終的に彼は辞職に追い込まれた。

私物化された権力が憲法の上に君臨する国で、公務員という存在はちっぽけで無力なものだ。権力の忠実な下僕となるのか、自らの良心に従うのか。逆鱗に触れた場合の対価は過酷であり、順応の結果は惨めなものだ。権力の不正に逆らった者たちは追放され、息を殺して生き残った公務員たちは「魂を失った動物」「権力の下僕」と国民から嘲弄される。不当な権力が作動する時、垂直的な執行体系に蹂躙《じゅうりん》されている人々に、私たちは何を求めることができるだろうか。上意下達の命令体系への絶対服従を強いられる公職者の世界で、最高権力者の標的になってまでノ・テガンが守ろうとしたものは、いったい何だったのだろう。

ノ・テガンが勤務する財団のオフィスは、出入り口にセキュリティシステムが設置されていた。あまりにも頻繁に記者たちが訪れるからだという。担当職員の確認を経なければ、彼の部屋に入ることはできない。暖房の温度が下げてあるためか、室内は冷え冷えとしていた。一度は脱いだダウンジャケットをはおってインタビューを開始した。

お正月はいかがでしたか？

――はい、両親が大邱《テグ》にいるので帰省しました。

この間、ご両親の心労も大変だったでしょうね。

――父は八十四歳なんですが、この三年というもの、朝起きれば、インターネットで記事を検索するのが日課だったとか（笑）。私は三兄弟の長男なんですが、すぐ下の弟も公務員なので、もしかして何かあったらと気がかりだったようです。

ひょっとして、お父様も公務員出身ですか？

――違います。私の父はずっと労働者でした。十八歳で第一毛織に入社して定年退職まで、ずっと工場で染色の仕事をしていました。

小さい頃から、お父さんにとっては自慢の息子だったでしょうね。

――いや、自慢なんてことはなくて……。心配かけることもないほうでしたが。

＊3　朴槿恵大統領の政治スキャンダルの中心人物となった崔順実《チェスンシル》の娘。彼女の不正入学疑惑が朴大統領を批判する一連の大衆行動の引き金となった。

この何年間で一生分の心配をかけてしまったんですね。

——そうなりますね（笑）。それでも特にどうしろと言うわけでもなく、「自分のことは自分で何とかするだろう」と私を信じてくれています。うちの両親は二人とも学歴こそ高くありませんが、子どもを信じて見守ってくれるタイプです。

出世を考えて公務員になるな

ノ・テガンは大邱の人だ。漢学者だった祖父のノ・チャガプは新幹会《シンガンフェ》*4のメンバーであり、武装闘争にも加わった独立運動家だった。祖父が身上をはたいて国外で活動している間、祖母や父、父の兄弟たちは貧しい暮らしを強いられた。荒波にもまれながらも、真面目一筋だった父。その背中を見ながら成長したノ・テガンもまた、実直でしっかりものの優等生となった。大邱高等学校と慶北《キョンブク》大学法学部行政学科を卒業し、早々と公務員の上級試験に合格すると、二十代半ばにして公職生活が始まった。二〇一六年五月に強制的に辞職願を提出させられるまで、丸三十二年と二ヶ月を公職者として勤め上げた。

青春を捧げた職場ですよね。後ろ髪を引かれる思いだったのではないですか。最後の日のことを覚えていますか？

――職員たちを動揺させてはいけないと思って、辞表を出したことを秘密にしたまま、退職の前の一、二週間は休暇を取りました。みんなに会うのはつらいなと思い、日曜日の誰もいない時にオフィスに行って、こっそりと車に荷物を詰め込んで。「これで公務員生活も終わるんだ」と、何ともやるせない気持ちになりました。

職員の皆さんにお別れの挨拶をされなかったんですか？

――しましたよ、後になってからですが。わざわざ坡州《パジュ》の自宅まで訪ねてきてくれた後輩たちもいましたし。私から送別会をしようとは言えませんでした。私のせいで彼らに迷惑がかかるかもしれないし。二回も大統領から名指しされた人間ですから、下手に私と親しくしたことで、後輩たちに何かあったらいけないと思って……。

ノ・テガンの子どもの頃の夢は判事だった。考えが変わったのは、法学部に進学した後、行政学の講義を聞いてからだった。当時、四十代の若手が多かった行政学科の教授は、学生たちと野

＊4　日本の植民地統治下の朝鮮半島で、一九二七年に結成された抗日独立運動の団体。

球やサッカーを一緒にやるほど自由でフランクな人たちだったが、公務員の姿勢と価値について語る時は、とても真剣で情熱的だった。出世や安定を期待して公務員をめざすのなら最初からやめておいたほうがいい、むしろ人生は不安定になってしまうからと。公共の利益を重んじ、考え抜いた行動が取れる人こそが公務員になるべきだと彼は教わり、それを生涯の大原則として心に刻んで公職生活を全うしてきた。

はじめから体育行政に関心をお持ちだったんですか？

――いいえ、最初は労働部に行こうと思ったんです。漠然とですが、労働者の権利を改善する仕事とか、やりがいがあるだろうなと。

もしかして、学生運動の闘士だったとか？（笑）

――いいえ。学生運動とかではなくて、うちの父が退職までずっと染色工として働いてきたので、そういう苦労した人々の力になりたいという単純な思いでした（笑）

しかし思ったようにはいかなかった。希望した部署ではなく、国家報勲処*5に配属され、兵役を終えた後には体育部に異動となった。ちょうど一九八八年のソウル五輪が終わり、その後の処理業務が多い時だった。国際的な競技大会は開催するのと同じぐらい後始末が重要だと言う先輩の誘いを受けて、彼は体育部の一員となった。金泳三《キムヨンサム》政権[*6]が発足して体育部と文化部が一つになった後は、文体部[*7]の体育分野でずっと仕事をしてきた。

体育局長から更迭される前に、「スポーツ二〇一八」というプロジェクトを推進中だったとか。それは何でしょう?

——政権が代わると、部署別に五年間の計画を発表します。「スポーツ二〇一八」は朴槿恵政権のスポーツ政策の方向性を決めたものですが、我々が考えていたのはもう少し文化的な脈絡です。スポーツには社会に変化をもたらすパワーがあると思っていました。スポーツは集団主義や国家主義に流されてしまう危険もありますが、公正な対決、ルールの遵守、チームワーク、共同体意識のようなポジティブな要素もたくさんあります。それをうまく生かして、社会のあらゆる分野に波及させようと思ったのです。プロジェクトのサブタイトルは「スポーツで大韓民国を変えよう」でした。

＊5　傷痍軍人や国のために尽くした人々、その遺族などの支援を司る官庁。
＊6　一九九三年二月二十五日〜一九九八年二月二十四日。
＊7　文化体育部のこと。二〇〇八年の改編によって文化体育観光部となった。

なんと！　アイロニーですね。そんなスポーツの美徳をすべて投げ捨てて、権力による不正の温床になってしまったとは……。

——そうなんですよ。体育は本来個人の実力以外に、他の要素が介入しにくい分野なんです。オリンピックで金メダルをいくつ取ったか、国別で何位か、そんなことで大韓民国の国力が上昇するかのような見方を変えたいと思っていました。スポーツ選手たちが「運動する機械」にされずに、普通に暮らしながら社会に貢献していけるような、健康的な財産になるように支援したいと思っていたのです。

とても残念です。文体部が信念に基づいて、そんな仕事ができれば本当によかったのに。

——私は文体部に思い入れがあります。自分の職場だからというだけでなく、文体部というところは大韓民国の官僚組織の中で、ちょっと特別なんです。本当に自由で、互いの壁もなく、上司と部下のコミュニケーションも活発で、長官に向かっても気楽に冗談が言えたし、違うと思ったら「それは違います」と率直に意見もできた。長官の中には服装も自由でいいと言う人たちもいて、真夏には半ズボンで出勤する職員もいました。文体部の一員として仕事をしたことは、楽しい思い出でしかなかったのに……。そんな文体部が一瞬にして崩れてしまうのを見て、本当に残念でたまりませんでした。

彼はどんなふうに「悪い人間」になったのか

ことの始まりは二〇一三年五月、彼にかかってきた電話だった。モ・チョルミン青瓦台《チョンワデ》教育文化首席秘書官（当時）は電話で「パク・ウォノという人が乗馬協会に関して話があるそうだから、チン・ジェス体育政策課長に面会させるように」と言った。文化体育観光部体育局が大韓体育会を通さずに、競技団体の関係者と接するというのは異例なことだったが、青瓦台首席秘書官からの連絡だっただけに、無視することもできなかった。ところが、指示にしたがってパク・ウォノに会ったチン・ジェス課長は開口一番、「何か様子が変だ」と言ったのだ。

何が変だったのでしょう？

――パク・ウォノという人が乗馬協会関係者の名簿を持ってきて、この人は問題があるとか、いろいろ情報提供をしてきたのですが、調べてみたところ、どうも我々を自分たちの派閥争いに引っ張り込もうとしているようだと言うのです。しかもパク・ウォノという人物について身元調査をしたところ、乗馬協会の仕事をしていながら、横領、詐欺未遂、背任、私文書偽造などの前科があると……。

私文書偽造までですか？

——法廷に提出する書類を偽造したそうです。ソウル市乗馬協会の副会長だかをしている時に。実刑判決で服役もしたというんです。そんな人の言葉を額面通りに受け取ることはできませんよね？我々としてはパク・ウォノの話も、派閥争いの相手側の話も、どちらも問題だということで、スポーツ界全般についての改革プランが必要だという報告書を書いたんです。それをモ・チョルミン首席秘書官に送りました。

ところが、その報告書を提出したとたん、すぐにパク・ウォノから抗議電話があったんですよね？

——それは今考えてもびっくりするような、あり得ないことですよ。二〇一三年七月五日にモ・チョルミン首席秘書官に報告書を送ったのですが、その一日か二日後にパク・ウォノがチン・ジェス課長に直接電話をしてきて「あんなふうに報告書を書いてどういうつもりなんだ、見てろよ」みたいなことを言ったそうなんです。チン・ジェス課長は「私を脅迫するのか？」と怒って電話を切ったのですが、しかし、それはもう本当にびっくりですよ。青瓦台への報告書は秘密厳守が要です。それがあるから、個人や団体についての問題点も指摘できると思って提出した報告書が、二日のうちに当事者の手に渡って、抗議電話を受けることになるとは。

その件がチョン・ユラに関連しているという話は、いつお聞きになったんですか？

——チン・ジェス課長が乗馬協会の人々と会う中で、この事件がチョン・ユンフェ氏[*8]の娘と関係しているという話を聞いたそうです。青瓦台に報告書を提出する前に、この問題について我々も内部的に話し合いはしたのですが、当時、文体部のパク・ジョンギル次官は「原則通りにしろ」と言い、ユ・ジンリョン長官は「チョン・ユンフェ氏の娘だからって、メダルをあげなきゃいけないのか？」と言ったのです。チョン・ユンフェ氏が関係しているからというのなら、なおのこと大統領にそれを知らせて、虎の威を借りたような行動をさせないようにしてもらうべきだと思ったのです。我々としては、大統領は自分が公言した国政の原則は守るものだと信じていましたから。

信頼は虚しく崩れ去った。翌月の二〇一三年八月、ユ・ジンリョン長官が大統領にスポーツ界の改革プランを報告する席で、大統領は手帳を開いて「ノ・テガン、チン・ジェスは悪い人間だと聞いた」と言って、人事措置を命じたのだ。

＊8　崔順実の元夫。朴槿恵の側近を務めた。

大統領が実務担当の局長・課長クラスを名指しして「悪い人間」と言うことは、普通にあることなんですか？

――（真剣に考えてから）三十年の公務員生活の中で、初めてだと思います。私はその最初の事例になったわけです。ハハハ……。

その頃、ホン・ギョンシク青瓦台民政首席秘書官（当時）がノ・テガン、チン・ジェスの二人に対して職務監察をしましたよね。結果として二人は「スポーツ改革に対して意識が低く、また公務員としての品位にも問題がある」ということでした。それが更迭の根拠となったんですか？

――その監察結果はユ・ジンリョン長官にも事前通告がされていなかったそうです。大統領も監察の内容には言及することなく、「悪い人間だと聞いた」とだけ言ったと聞きました。正確なことはわかりませんが、先に人事措置をしようと決定しておいて、その根拠を探すための事後措置として職務監察をしたのではないかと思います。

結果が先で、根拠は後に？

――まるでテレビドラマですよね（笑）。私が体育局長から更迭されて国立中央博物館待機を命じられた日、監察報告書と一緒にこれを受け取りました。（書類を取り出して）「二〇一三年度上級職清廉度評価結果」なんですが、ユ・ジンリョン長官が赴任後の最初の内部課題を腐敗清算とし、室局長級幹部について職員たちに匿名で評価させた結果です。

評価書にあるノ・テガンの総合点数は、十点満点中九・九八点だった。「不当利益授受禁止」「健全な公職風土づくり」「職務遂行能力ならびに民主的リーダーシップ」の三つの項目は十点満点で、すべての項目で平均点を大きく上回っていた。

文体部の職員たちの評価は青瓦台の監察内容と全く正反対ですよね。

──青瓦台による職務監察が実施されていたのと同じ時期に、文体部の内部評価も行われたのです。みごとに正反対の結果が出たわけで、それと同じタイミングで人事措置が下されたのですから、本当に複雑な気持ちでしたよ。私は先輩や同僚、後輩たちが私にしてくれた評価を、自分の公職生活に対する勲章だと思っています。大切にしたいですね。

酒、ゴルフ、スキー、同窓会を避けること

誰が見ても不当な人事なのに、どうやって怒りを鎮めたんですか？

──自分の怒りなど気にしている場合じゃなかったですよ。ユ・ジンリョン長官は何としてでも

私を守ろうとしてくれたのですが、私が必死になって止めたんです。だって長官が大統領と真っ向から対立することになったら、文体部全体に影響が及んでしまいます。

一人で酒でも飲むしかないですね。

――酒は飲まないんです。もともと体質的に受け付けないのですが、公務員は自制心を失ったらおしまいですから。酒を飲んだら問題を起こしそうで（笑）

何か信仰をお持ちですか？

――いいえ、宗教とは無縁です（笑）。文体部の公務員として仕事をしていたのに、ゴルフやスキーもしません。一九八〇、九〇年代はゴルフもスキーも富裕層のスポーツだったので……。「あっちの世界には足を踏み入れない」と決めていたんです。

スポーツ行政をされている方が、ゴルフ場も避けていたんですか？

――自分のお金で行けば問題はないのですが、公務員の給料では到底無理だし……。酒も飲まず、ゴルフやスキーもしないというのは、公務員生活をするうえではとても良かったと思っています。

曲がりなりにもTK[*9]出身なのに、学校の同窓会にも出ないという噂でしたが？

——公務員になってからは、同窓会の行事に出席したことは一度もありません。会費を払ったこともないし。母校の発展のためだから寄付金ぐらい払えよと文句も言われました(笑)。でも、志がいくら素晴らしくても、それが学閥主義だし、結局は仲間同士で徒党を組むことになってしまうんです。

まっすぐな性格は誤解されることも多々ありそうですね。奥様に何か言われませんか?

——妻の価値観は私とよく似たようなものですよ。お金をたくさん儲けたいとか出世したいとか、そういった欲は全くありません。性格は私よりもはるかに大らかで柔軟ですが(笑)。私たちは京畿道《キョンギド》坡州市にある戸建住宅の多い町に住んでいます。妻は町の図書館の仕事を手伝ったり、町内会の仕事を引き受けて掃除を一生懸命したり、人々にモムサルリム運動[*10]を教えたりと、私よりもむしろ忙しく過ごしています。娘たちも塾だの家庭教師だのといったプレッシャーから解放されて、学校に通っています。

妻と二人の娘の話をしながら、彼は笑顔になった。彼が三十七歳で休職をしてドイツに自費留

＊9　大邱・慶北地域を表す略語。代々の大統領を輩出した地域であり、政界でパワーを持ってきた。
＊10　韓国の伝統仁術に基づいた健康法。

学できたのも、会社勤めをしながら応援してくれた妻のおかげだった。二〇〇一年、彼はドイツで「ヨーロッパ連合の超国家性と個別国家の関連性」というテーマで博士号を取得した。

体育行政とは全く違う分野ですよね。上級公務員ともなれば普通は国内の大学院で、自分の業務と関連したテーマで博士号を取得すると思うのですが、なぜドイツまで行ってそんな難しいテーマで学位論文を書かれたんですか？

──私はその時、四十歳目前だったのですが、大学と大学院で学んだことは使い果たした感じがしたんです。何か新しいものをチャージしなければいけないのに、国内では勉強に没頭するのは難しそうで、ただ学位を取るための勉強になってしまいそうな気がして……。留学先にドイツを選んだのは経済的な理由が大きかったと思います。ドイツは学費が無料なので生活費だけあればいい。一人で節約して暮らせば、ひと月五十万ウォンでやれるだろうと。妻が化粧品会社に勤めながら毎月送ってくれた五十万ウォンで暮らしていました。

取得が難しいドイツの博士号まで取ったのですから、公職ではなくアカデミズムの分野へ、大学教授になろうというお気持ちはなかったんですか？

──大学で働きたいという気持ちは常にありました。学生を教えるのは好きなんです。ただ大学に行くとしても、公務員の経歴を利用するのはちょっと引っかかる。教授になるのなら、非常勤講師から始めて、学生たちに何かを伝えられるような経験を積んでから志願するべきだと思っていました。

話題をもとに戻しますね。左遷された先がよりにもよって国立中央博物館の教育文化交流団長というのは、どういうことなんでしょう？　そこでフランスの装飾美術展が問題となって、またしても大統領の意に反することになりましたよね。

――もとを辿ればその展示は、二〇一六年の韓仏修好百三十周年記念行事のために、フランス側からこちらの博物館に提案があったものでした。協力関係も順調に進んでいたのですが、二〇一五年末に展示品リストを一つひとつ確認してみたところ、何か変なのです。二百七十点のうち五十二点が市中で販売されている製品だった。この行事は国立のパリ装飾美術館と「コルベール委員会」と呼ばれるところが共同で準備していました。コルベール委員会というのはフランスの高級ブランド会社などが加盟する団体です。何とかとか、かんとかという、有名なブランド品の会社！　市販の高価な商品を展示するだけでも問題なのに、展示会の期間中に博物館で販促イベントまでやるという。キム・ヨンナ館長は「学者の良心にかけて、認めることはできない」と断固とした態度だったし、学芸員たちも「これは非礼なこと」だと言って、強く反対をしました。

本当ですよ！　韓国の国立中央博物館を何だと思っているんでしょう！

――ところが、文体部と青瓦台は何があってもこの展示をやれと、ずっと圧力をかけてくるのです。大統領の関心事項だと。

単に大統領の趣味と関心のためなんですか？　利権がらみの事案だったんですか？

――どうなんでしょう。ミル財団[*11]がフランス側の関係者と深い関係にあるところを見れば、何かの利権がからんでいた可能性はありますよね。推測にすぎませんが。それよりも大統領が関心を見せれば、文体部の長官や次官だろうが、教育文化首席室だろうが、誰もダメだと言えないのがもっと問題でしょう。キム・ヨンナ館長が「誰も言える人がいないなら、私が大統領に直接会う」とおっしゃったほどです。

でも大統領との対面は叶わず、キム・ヨンナ館長は更迭されましたよね。

――私はキム・ヨンナ館長を本当に尊敬しています。館長はただの一度も揺れることがありませんでした。まさに朝鮮時代のソンビ[*12]精神そのものだと言えるでしょう。恥ずかしながら私は、「適当なところで妥協できるのでは」と申し上げたのですが、館長は「妥協はできない。これは我々の精神に関わる問題だ」と一蹴されました。学者として公務を任せられたからにはこうあるべきだという姿勢を示してくれる、お手本のような存在だと感じました。

最後の最後まで粘った人たちのおかげで、何とか国際社会の笑いものにならずに済んだものの、この展示の件でノ・テガンはまたしても恨みを買うことになった。博物館に来た時は左遷だったが、今回は辞職の圧力をかけられた。彼は法的に定年までの身分が保障された公務員だったが、辞職しないかぎり、一緒に仕事をしている課長や学芸員までが懲戒処分になるという噂が広まっていた。もはや為すすべはなかった。「一緒に仕事をしていた職員たちに被害を及ぼさない」という条件付きで、二〇一六年五月、辞職願を出した。

私はもっと勇敢であるべきだった

辞表を出したことを、後悔していませんか?

――(長いため息)そりゃ後悔していますよ!　公務員としてやりたかったこともできずに辞めたのですから……。ろうそくデモを見ながら、「私はもう少し勇敢であるべきだった」と思いました。私が考えていたのは、私のことで被害が及びかねない文体部の同僚や後輩のことだけで、こんな

＊11　崔順実が牛耳っていた文化支援財団。
＊12　儒学の精神を体現した知識人。

ふうに一緒に考えてくれる国民がそばにいることに気づいていなかったのです。

あと数ヶ月だけでも、こらえればよかったのに。

――こらえるというよりも、果敢に戦うべきだったんです。私がユ・ジンリョン長官を尊敬する理由は、彼は臆することなく真っ向からぶつかっていくからです。大学の時にハン・ワンサン教授が書いた『民衆社会学』という本を読んだのですが、ハン教授は政権に批判的という理由で辞表を求められた時、「辞表は出さない。むしろ私を罷免しろ」と言ったという、その言葉が深く胸に残っています。私はそれができなかった。マスコミにお願いしたいのは、「私の事例をシンボル化しないでほしい」ということです。正直な話、私は不義に抗うとか、信念を持って抵抗した人間ではないんです。ただ公務員として当然のことをしたら、名前が出てしまっただけで。私という人間が実際よりも美化されてしまうことを恐れています。

心にとめておきます（笑）。公務員を「魂のない動物」と呼ぶ人たちもいます。上から命令されれば、どんなことでも従うのだと。

――「魂のない」公務員は、上からの指示が正しいかどうかは、意図的に判断しませんよ。様々な不利益を考えて、判断能力を自ら遮断してしまう。国民はそんな公務員を恨むでしょうね。でも公務員を恨んでも、彼らが持つ「公共性」まで否定してはダメなんです。保身だけで仕事をしない公務員がいたら国民はきっちりと抗議すべきです。それだけではなく、不合理な指示に対して公務員自身が判断して意見を言えるように、社会全体で支えていかなければなりません。

具体的にはどうすればいいんでしょう？

――公務員は不当に身分を剝奪されても、訴える場所がありません。公務員の身分保障については象徴的な宣言規定があるだけで、法的・制度的に頼れるものは一つもありません。彼らを支援し、保護するシステムが必要だし、公務員に対する評価と監視に市民がオープンに参加できればと思います。今もそういう制度があることはあるのですが、誰が参加するのかを公務員たちが決めるのです。評価者を選ぶところから民間に任せる必要があるのでは、と思っています。

不当な業務指示に対して良心の呵責に苦しむ公務員がいたら、どんな言葉をかけてあげたいですか？

――人の決めることは、どんな決定であっても「間違った」決定でしかない、私はそう思っているんです。どんな形にしろ、決定をすれば必ず後悔をします。こうするんじゃなくて、ああすればよかった……とかね。だからそんなふうに悩んだ時は、それを公開して公式の場で議論する必要があります。職級は関係ないんです。私は公務員生活をしていた時、業務上の悩みがあれば、担当者の職級など関係なく、誰にでも相談をしに行きました。だって職級が高いということは、それだけ細かいことは知らないということですから。個人の良心と不当な指示の間で苦しむ人は、どの政権の時にもたくさんいました。ところが朴槿恵政権の問題は、そんな葛藤を共に議論して解決できるような組織の雰囲気にできなかったことでしょう。意見が異なった時に、相手が上司でも部下でも互いに説得して考えを変えることもできる環境と、全く自分の意見を言えない環境との違いは大きい。コミュニケーションの問題だと思います。

公務員は今の若者たちが、もっとも多く希望する職業です。公務員試験を準備している人の累積数は四十四万名で、九級は九十七対一、七級は六十七対一の競争を突破しなければならないそうです。公務員をめざしている若者たちに一言お願いします。

――安定した職業だからと公務員を選んだとしたら、間違いなく後悔することになるでしょう。職業としての安定性を求めた結果として、人生の安定性が揺るがされるかもしれません。

どういう意味ですか？「鉄の釜」と言われるほど、公務員が安定的な雇用体系であるのは事実じゃないですか？

――公務員の雇用は保障されているように見えますが、実際の仕事量は外から見るのとは大違いです。政府の予算がありますから、必要最低限の雇用しかできません。業務量は膨大ですが、すべての仕事が注目され、価値あるものとは限りません。誰も知らないところで苦労することも本当に多いのです。公共性に生きがいを感じる人でなければ、この仕事を選んだことを後悔するでしょう。これが安定的な仕事なのかと、そう後悔するのです。チャレンジ精神があり、活動的な人たちは、公務員よりも民間企業のほうが合うと思います。公務員の役割というのは、社会のために十分に議論を尽くすことです。公務員になりたいなら、自分がどんな人生を望んでいるのか、真剣に考えてから決めたほうがいいでしょう。

私が今日のインタビューではずしてはいけない話があるとすれば？

――国民の目に映った以上に、良心の呵責に悩み、抵抗した公務員たちが多いということを覚えておいてほしいと思います。「こんなことをしてはいけない」と指示を拒否し、傘下団体に左遷させられた職員があまりにも多かったせいで、本庁に勤務する人がいなくなって、後からもう一度呼び寄せる事態まで起きたのです。もちろん個人的な利益のために過ちを犯す人間もいます。でも大部分の公務員は仕方なく仕事をしながらも、良心の呵責に苛まれて苦しんだのです。そんな人々がいたからこそ、ブラックリスト[*13]やチャ・ウンテク[*14]のような存在が明らかになりました。証

＊13　朴槿恵政権に批判的な文化・芸能関係者を公的な支援からはずす目的で作成されたとされるリスト。有名な映画監督や俳優なども多数含まれていた。
＊14　朴槿恵大統領の側近である崔順実らと結託。文化・体育界における様々な利権を手にしていた。

拠を隠滅しろと言われたのにそれをせず、いつかはっきりさせなければと自分なりに準備していたのです。責任は権限に比例するものですから、上級職の人間はきちんと責任を取らなければいけませんが、大多数の公務員は自分のポジションで最善を尽くしていました。彼らを理解して、激励してください。

ノ・テガンは慎重に言葉を選びながら、控えめな話し方をする人だった。感情に任せて無責任なことを言ってしまわないように、熟考し、自制することが、長年の習慣として身についているようだった。彼が文体部第二次官に任命された頃に書いたコラムを読みながら思ったのは、一文一文をどれだけじっくりと考えながら書いたのだろうということだ。きちんきちんと書かれた手書きの文字のように、彼の文章は重みがあり、明瞭だった。

公務員の特性は任せられた仕事と身分の公共性にある。公務員は息を吸うことでさえ、公共性を持ってしかるべきだ。(中略)公共行政においては、責任を免除される領域は存在しない。「公務員として上司の指示・命令は履行するしかなかった」「当時の状況で不当な指示を拒否しても意味はなかったのではないか」と言われる。しかし、重要なのは拒否行動そのものだった。また「私がやらなくても、どうせ他の誰かがしなければならなかったのだから」という言い方もされる。でも、もし私が拒否していなかったとしたら? 続いて拒否する人が二人になり三人になり、皆がそうなる可能性の芽を最初からつんでしまうことになったらどうするのか。それは間違っている。自分自身を裏切らないことがもっとも重要だ。公務員が公務員でいられるのは、国民が公務員を公務員として認めるからだ。したがって、公務員が忠誠を誓う対象は国民なのである。（ノ・テガン、前出同文より）

朴槿恵政権と官僚のジレンマ

ノ・テガン氏のように国の中央省庁に務める「上級公務員」を、日本では「官僚」と呼んでいる。日本と同じく韓国でも官僚はエリート集団であり、かつ専門家集団である。各省庁における官僚たちの目に見えない努力が国家の発展を支えてきた。

頻繁に政権交代が行われる韓国では、「長期政権と官僚組織のズブズブの関係」のようなものはない。また韓国には日本のような「世襲政治家」もほとんどおらず、親子二代で大統領となったのは朴槿恵が初めてだった。でも父親のように軍事クーデターで政権を奪取したわけではない。

二〇一二年十二月の大統領選挙は接戦だったが、朴槿恵の得票率五一・六%は歴代最高であり、初の過半数超えでもあった。野党候補だった文在寅は敗北を認めるしかなかったし、民主的な手続きを踏んで誕生した新政権を国民は受け入れた。ところがその四年後に、国民の大怒号の中で大統領が退陣することになるとは、誰が予想しただろう？　それは長い間、公職にあったベテラン官僚たちも同じだった。

「我々としては、大統領は自分が公言した国政の原則は守るものだと信じていましたから」

インタビューの中でノ・テガン氏もそう述べていた。そんな彼が更迭されてしまったのは二〇一三年夏。大統領就任からわずか半年後、今にして思えば、これが「異変の始まり」だった。

翌二〇一四年春にはセウォル号事件が起き、韓国全土は深い悲しみに包まれた。大統領は国民に向けて何度も謝罪のポーズはしたものの、政府の責任はうやむやにされたままだった。中でも事件当日の大統領の行動は謎だった。その「空白の七時間」に触れたメディアやアーティストたちは圧力をかけられ、それは外国メディアにまでも及んだ。産経新聞の加藤支局長は名誉毀損で訴えられ、出国禁止措置を受けた。

明らかに異様な事態だったのだが、国民がその全体像を知るには時間がかかった。政府内ではノ・テガン氏をはじめとする官僚たちが、自らの良心に基づいて必死の抵抗を試みていたのだが、国民はそれを知らなかった。彼らは公務員としての守秘義務に忠実でもあった。

朴槿恵大統領は二〇一七年三月十日に、憲法裁判所の弾劾決定を受けて即時罷免された。二ヶ月後の五月十日に新しく文在寅政権が誕生し、ノ・テガン氏は古巣の文化体育観光部に戻った。数ヶ月後に迫った平昌冬季オリンピックを成功させることは、体育行政のキャリア官僚である彼にふさわしい任務だった。

淡々と生きるための、揺るぎなさ

イム・スルレ

今回のインタビューは起伏がなく淡々としている。炭酸飲料のような刺激的な味わいも、唐辛子のような激辛の一打もない。熾烈な争いが火花を散らす世の中で、熱すぎず、冷たすぎず、甘くも、酸っぱくもない、微温の心地よさはむしろ貴重かもしれない。生き馬の目を抜くような日々、尖った言葉の応酬に疲れ切った時に、まるで温かな重湯がしみわたるように身体の内側から癒やしてくれる人に出会った。ソウル・聖水洞《ソンスドン》のオフィスの前でその人が、にっこりと微笑みを浮かべた顔で車からゆっくり降りてきた時、私には初対面という感じがしなかった。ボサボサのショートカット、だぶだぶの黒いジャケットに黒い運動靴を履いたイム・スルレ監督は、ずっと前から知っている隣のお姉さんのように親しみやすい人だった。

イム・スルレは芸術的完成度と商業的成功の両面で評価される、大韓民国を代表する映画監督の一人だ。一九九四年、デビュー作『雨中散策』でソウル短編映画祭の最優秀作品賞に輝き、二〇〇二年に『ワイキキ・ブラザース』で百想芸術大賞の作品賞を、二〇〇八年に『私たちの生涯最高の瞬間』で青龍映画賞最優秀作品賞を受賞した。二〇〇九年から現在まで、動物の権利団体である「KARA（Korea Animal Rights Advocates）」の代表として[*1]、韓国ではマイナーな「動物の権利を守る運動」を広めようとする熱心な活動家でもある。

巨大資本と華やかなスターダムが支配する映画の世界にあっても、激しい市民運動の渦中にあっても、イム監督は常に純朴な村人風情だ。その重厚で落ち着いた態度はどうして可能なのだろうか。世俗にありながら名声にとらわれず、自然にありながら世事を無視しない、その一貫した姿勢は驚くべきものだ。四時間にわたるインタビューの間、イム監督は高くも低くもない声で、淡々と自身の人生と映画と生命について語り、その語調は私の心拍の動きをもゆるやかにしてくれるかのようだった。彼女の周波数に寄り添いながら、しばしすべての悩みから解き放たれたような、ひっそりとした静かな時間だった。

お宅は楊平《ヤンピョン》ですよね？　ソウルにはよく出てこられるんですか？

——二〇〇五年から楊平で暮らしているんですが、はじめの頃は一週間に二、三日だけソウルに来ればいいと思っていました。その頃までは映画制作の間隔が長かったんです。『三人の友達』から『ワイキキ・ブラザース』まで四年かかり、『ワイキキ・ブラザース』から『私たちの生涯最高の瞬間』まではもっとかかりましたから。ところが『私たちの生涯最高の瞬間』が大ヒットしてからは、それ以前より頻繁に映画を作ることになり、また二〇〇九年にKARAを引き受けることになってからは、ソウルに出てくることが一気に増えました。最近は、平日はほぼ毎日、週末

＊1　二〇二一年に退任。

も出てくることが結構あります。

最近、『リトル・フォレスト』〔邦題『リトル・フォレスト　春夏秋冬』〕の撮影を終えたそうですね。

——今は編集作業をしています。春の公開です。

原作は日本のものだそうですが、どんな映画ですか？

——原作は日本の漫画なのですが、ある若い女性が田舎に移住して、近所で収穫される四季折々の作物を料理して食べるという物語です。そうしながら少しずつ村の一員になっていく。漫画としてはそれほどヒットしたわけでもないのですが、それをもとにした映画が日本で製作されました。夏・秋編、冬・春編と二つの季節ごとにまとめて封切られ、二〇一五年に韓国でも紹介されたんです。

それをご覧になったのですか？

——私が監督した『提報者 ES細胞捏造事件』〔二〇一四〕という映画のプロデューサーが、個人的につらかった時期に偶然その映画を見てものすごく癒やされたと、私に監督の話を持ちかけてきたんです。楊平に住んでいるから、そんな自然主義者の田舎暮らしをよく知っているだろうと。実際、最近は刺激的な映画が多いじゃないですか。何かを壊したり殴ったり殺したり……。だから私も人々にとってささやかな生きる喜びとか、ヒーリングになるような小さな作品を撮ってみたいという気持ちはあったのです。映画には四季がすべて必要なので、昨年の冬からこの秋まで、撮影だけでしっかり一年かかりました。映画の企画から封切りまで年数にして約三年、長期プロジェクトですよね。

大作ですね（笑）

——すごいでしょ（笑）

四季をすべて網羅することが、この映画の重要なフォーマットのようですが、実際のところ都会に住む人々は季節の変化もよくわかっていなくて、朝起きて寒ければコートを着るし、暑ければ脱ぐ。そんな程度です。監督のように田舎で暮らせば、四季の変化というものが本当に体感できるのですか？

——もちろんです。身体で感じますよ。「節気」が実に絶妙であることも、田舎で暮らせばわかります。庭に芝生があるのですが、雑草が「抜いて抜いてもまた生えてくる」、昔から言われる言葉の通りです。昨日抜いたのに、寝て起きたらまた生えてきて。でも不思議なことに、「処暑」をすぎると草はあまり生えてこないんです。処暑、霜降、雨水、啓蟄、夏至、冬至、そういった節気が農作業にとってどれほど絶妙なタイミングか、本当に不思議ですよ。

家庭菜園などもされるんですか?

——ずっとやっていますよ。ちゃんとした農業というわけではなく見よう見まねですから、農家の方が見たら笑うでしょうが（笑）。サンチュ、唐辛子、ミニトマト、きゅうり、ナス、ズッキーニ……。秋にはキムジャン[*2]用の白菜も植えますよ。

その白菜でキムジャンもされるんですか?

——引っこ抜いて本家に持っていって、キムチをもらってきます（笑）

原料を供給して、完成品をもらってくるんですね（笑）

——キムジャン用の白菜は八月末か九月のはじめに植えなければいけないのですが、ちょうどその時に仕事が忙しくて、少し遅れて植えたら失敗しました。ちゃんと育たずに凍ってしまったんです。

私も少しだけ週末菜園をしてみたのですが、一週間遅れで植えれば一週間遅れで収穫できるというものじゃないんですよね（笑）。日に日に痩せていって枯れてしまいました。農業は約束を遅らせてはいけないのだと思いました。

――そうなんです。だから農業をする皆さんは融通がきかないぐらい、きっちり節気に合わせて仕事をするんです。そうするしかないから。農村で暮らすと、身体のリズムに変化が生じます。田舎に引っ越してからは、どれだけ遅く寝ても、朝早く起きてしまうんです。

映画をされる方は、普通は夜遅くまで仕事をして、起きるのも遅いんじゃないですか？

――そうです。夜行性ですよね。朝、私がメッセージのやりとりをできるのは、みんなお坊さんです。朝の五時や六時からカカオトーク*3を送ってくる人たちは（笑）

楊平とソウルを行き来する生活は大変だが、再びソウルに戻る考えはない。昨年は蜂に刺されてアナフィラキシーを起こし、呼吸困難で死ぬ寸前にまでなったのだが、それでも気持ちは変わらなかった。その代わりに彼女の「ファッション」に変化が生じた。蜂は黒い色を見ると野生動物だと思って攻撃する性質があるというのを聞いて、庭仕事をする時はトレードマークである黒い服の代わりに明るい色の服を着るのだという。イム・スルレは自然の色と匂いを自分に一枚一枚重ねていく。

＊2　初冬に大量のキムチを漬けること。韓国の年中行事の一つ。
＊3　ＳＮＳのメッセージアプリ。

愚かだが愛すべき、敗残者たちの記憶

イム・スルレ作品はもれなく好きなのですが、この間のフィルモグラフィーを見ると、監督の映画的個性を一言で定義するのは難しいという思いにかられます。『三人の友達』『ワイキキ・ブラザース』のようなマイナーなアウトサイダーたちの話があるかと思えば、『牛とともに旅をする方法』『リトル・フォレスト』のような自然に親和的で観察的な作品もあり、『私たちの生涯最高の瞬間』のようなエンタメ性の高い熱血ヒューマンストーリーとか、『提報者 ES細胞捏造事件』のような社会性の高い告発映画もあります。ジャンルや素材はバラエティーに富んでいるのですが、それらに共通するイム・スルレ作品の特徴があるとすれば、どんなものでしょう?

——うーん、それは映画評論家がするべき話のような（笑）。基本的に私は社会的弱者やマイナーな情緒に関心があり、動物とか自然親和的なものが好きで、人間の群像を善悪の構図で典型化するのはあまり好きではないですね。社会正義について関心はありますが、この人は善人でこの人は悪人と一刀両断することをしたくはないです。

『提報者 ES細胞捏造事件』でファン・ウソク[*4]をモデルにしたイ・ジャンファン博士が典型的な

悪人として描かれていないのも、そんな脈絡ですよね。「あまりにも遠くに来てしまって、止まることができなかった」という台詞が共感と憐憫《れんびん》を誘いました。悪人というよりも、愚かさと勇気のなさによって自ら破滅を招いた、哀れな人に見えました。

――彼も誰かにとっては、優しいお父さんであり友だちであるかもしれません。憎しみだけに囚われるよりも、人間を多面的に見ることが大切だと思うんです。

監督の略歴を見ると、漢陽《ハニャン》大学英文科卒業後、パリ第八大学で映画学修士を取得と、申し分のない華麗な経歴でいらっしゃるのですが、作品は社会的弱者に対する愛情と憐憫が色濃いものになっています。何か特別な理由がありますか？

――二つあると思います。私の育った環境と仏教。子どもの頃は仁川《インチョン》のはずれにある、ほとんど農村みたいな集落で暮らしていました。仁川の地元民ではなく、お金を稼ごうとして仁川に出てきた忠清道《チュンチョンド》、全羅道《チョルラド》、慶尚道《キョンサンド》の人々が集まって暮らす、ものすごく貧しい町でした。私の父は富平《プピョン》の米軍基地で働く労働者だったのですが、近所の人たちもほとんどがそんな土木関係の日雇い労働者で、みんな似たりよったりの暮らしでした。父親たちはいつもお酒を飲んでは暴力を

＊4　韓国で「もっともノーベル賞に近い科学者」と言われた獣医学者だったが、ES細胞をはじめとする多くの論文の捏造が指摘され、韓国社会に大きな衝撃を与えた。

ふるい、母親と子どもたちはそれに怯《おび》えて。でもそんな貧しい人同士が集まって暮らしていたから、人情味もあったんです。私は二歳ずつ離れた五人兄妹の末っ子で、うちに間借りしていた家族もまた二歳違いの五人兄妹でした。うちと一歳ずつずれていて（笑）

では、一つ屋根の下に一歳違いの子どもが十人？

——小さな養護施設みたいな？（笑）同じような年の子どもが十人いて、いとこたちも同じ町に十人以上いたから、立派な共同体ですよ。貧乏で凡庸で愚かで未熟で、そんな似た者同士が群れて暮らす中で、彼らに対する愛情が育まれた部分はあります。

もう一つは仏教ですか？

——はい。うちはカトリック信者の家系でした。五代前のおじいさんの時にカトリックへの迫害から逃れて、保寧《ポリヨン》から瑞山《ソサン》の海美《ヘミ》に逃げ隠れたほど信仰の厚い家柄で、シスターや神父も多いんです。私も中学校まではカトリック教会に通っていたのですが、ある程度の年齢になってからは仏教的な世界観に惹かれていきました。存在と存在の間に差別はなく、偉くても偉くなくても、人間も動物も差別なくつながっているという言葉が印象的でした。私が映画で平凡な群像に注目するのは、そんな仏教的な世界観と関係しているのではないかと思っています。

貧困地区の出身でも、自分の社会的地位が上がれば、貧困から抜け出せない人々を軽蔑したり、見下したりする人もいますよね。

――私は大きな成功を手にしたことはありませんが、もし大きな成功をしたとしても、そういうことには鈍感な性格なので……。成功とか挫折に一喜一憂することはありません。とくに田舎の、自然の中で暮らしたからそうなのか、世俗的な浮き沈みにはあまり影響を受けない方です。

不遇な環境で劣等感に苛まれて育った人ほど、社会的な承認欲求が強かったり、つい見栄を張ったりしがちなのに、その大きな自尊心はどこから生まれたのでしょうか？

――私が生まれつき鈍いからじゃないですか（笑）。うまくいっても水泡のようなものだし、うまくいかなくても悪いことばかりじゃないでしょう。まさに良し悪しというか、悪いことだって教訓になります。ものごとにはすべて二面性がありますから。

ものごとにはすべて二面性がある

ものごとにはすべて二面性がある。彼女の両親は経済的な才はなく、子どもの教育にも無関心だった。ただし特別な援助もしない代わりに、特別な干渉もしなかった。大らかな両親ときょうだいたちは、イム・スルレがどんな決断や選択をしようが決して止めはしなかったし、何の計画もないまま無為徒食の日々を送っていても文句を言わなかった。家には絵本の一冊もなく、高校二年生までテレビもなかったほど、知的、文化的には恵まれない環境だった。そういうものに飢えていたせいか、中学校の図書館にずらりと並んだ本を見た瞬間、イム・スルレは宝の山でも発見したかのように、鬼のような集中力で片っ端から本を読み始めた。

ものごとにはすべて二面性がある。授業時間にも小説ばかりを読んでいたせいで、イム・スルレの成績はどんどん下がり、高校三年の時には三百六十名中の三百五十三位になってしまった。授業にも全くついていけなかったが、就職クラスに入って美容やタイプを習うのも嫌だった彼女は、高三の時に学校を自主退学してしまった。その時も両親は特に彼女を責めることはなかった。

今ならホームスクールを選ぶ学生も多いし、脱学校青少年プログラムなどもいろいろできていますが、当時は授業料が払えずに辞めるとか、問題を起こして退学になるケース以外で、高校生が自ら学校を辞めるなんてことは、ほとんどなかったですよね。特に女子高生が中退するなどというのは、ものすごいことだったと思うのですが。

――私は性格的には大人しくて、よく順応するタイプなんですが、何か抑圧がたまってくると、突如として大胆な決断をしてしまうことがあるんです。その都度その都度、合理的に解決していくのではなく、ギリギリまで我慢して、もうこれ以上は無理というところで決意します。そうしたからには何があっても貫き通す性格です。高三になったら大学入試のための臨戦態勢に入りますから、遅刻をしようが授業中に騒ごうが忘れ物をしようが、学校で言われるのはただ一言だけです。「お前、それで大学行けるのか？」。そんな雰囲気に反発する気持ちがどんどんたまっていき、さらに三年生の最初の試験が三百六十人中で三百五十三番という……（笑）

それでも下に七人いましたね（笑）

——学校で全校生徒の名前が成績順に貼り出されたんです。一番から三百六十番まで……。もちろん一番ではないにしても、みんな普通に上のほうから見るじゃないですか。私の名前はどこにいったの、まさかここらへんにはあるはず……あるでしょう……。ところがどんどん下にいって三百五十三番目に（笑）。もうこれでは授業にもついていけないだろうから、学校を辞めて自分のレベルに合わせて独学すべきだと決意したのです。

それで学校を辞めて、歯を食いしばって勉強したのですか？

——最初はそうしようと思ったのです。計画表を作って。ところが見張りがいるわけでもないから、勉強になりません。二年間、家でゴロゴロしながら、小説や漫画ばかり読んでいました。あの時に太ってしまったのが、いまだに痩せないわけです（笑）

絶望的な気持ちになりますよね。

――いいえ。そういう暮らしが、私には合っていたんです（笑）。こんなふうに一生を過ごせたらどれだけいいかと思っていました。友だちはみんな大学二年生になるというのに、私自身は特に危機感もなかったんです。一生こうしていられたら、どれほど幸せかと。

それなのに、どうして大学に行ったんですか？

――「こんな暮らしは本当に幸せなのだけど、一生こうして暮らせるのか」と考えたら、それは無理だろうと思ったのです。うちは金持ちではなかったから、お金を稼がなくてはいけないのですが、高校中退の学力で何ができるか考えてみたんです。学校に通うのも嫌な人間が、一生懸命工場に通えるだろうか？　そんなはずがないわけです。そこで少しでも時間的に余裕がある職場に勤めるために、就職に有利な英文学科に行かねばと思いました。就職のために、大学に行ったんですよ。

それまでに培われた読書力のおかげか、頭がよかったおかげか、望み通り一九八一年に漢陽大学英文学科に入学した。ところが英文学科の卒業生として就職先を探す段になって、彼女は他の選択をした。大学三年生の時にフランス文化院で上映された映画を見た時から魅了されてしまった新しい世界。イム・スルレは就職先を探す代わりに、漢陽大学の大学院演劇映画学科に進学した。

その決定も両親は関与せずに、お一人で決めたんですか？

――はい。私は高校を中退しているじゃないですか。今、私が本当にやりたいのは映画なのに、現実と妥協して一般企業に就職をしたとしても、ずっと働き続けられないだろうと思ったのです。高校を辞めちゃったみたいに、途中で辞めて進路変更をするんじゃないかと。映画は先が見えないけど、私が最後までやり遂げられる仕事だと思ったのです。高校を中退して二年間無駄な時間を過ごしたおかげで、人生でまた別の無駄をせずに済んだわけです。

ものごとにはすべて二面性がある。ワクワクした気持ちで入学した大学院だったが、イム・スルレはひどく落胆してしまう。映画関連の大学院課程はまだ学問的に体系化されていない時期だった。学生も少ないし、受講できる科目の選択範囲も狭く、何よりも原書のテキストに登場する映画を実際に見ることができなかった。本で見るだけの映画の勉強が何の役に立つのか。そんな勉強をするぐらいなら、パリに行って映画を思いっきり見て来よう！　一九八八年からパリで暮らしながら一九九二年に帰国するまで、彼女が見た映画の数は約千本。思う存分映画を見るためには学校に籍を置かなければならなかった。学校に通ったのはそのためであり、「学位は付け足し」だった。パリ第八大学の修士課程を終えて戻ってきてから、イム・スルレは一九九四年に『雨中散策』でデビューを果たし、この作品で第一回ソウル短編映画祭の最優秀作品賞と若い批評家賞を受賞した。やはり、ものごとにはすべて二面性があった。

私も年齢を重ねるにつれて、ふと思うことがあります。過去のすべてのことは今のためにあらかじめ仕組まれていたのではないかと。イム・スルレ監督が紆余曲折の末に映画監督になられたみたいに。

——悪いことは悪いことだけじゃなくて、ものすごく多彩な要素で成り立っていますから。私なんかも高校で二年間を無駄に過ごしたけれど、その無駄な時間を経たおかげで、もう一つの無駄を避けることができたんです。高校を卒業できずにメインストリームからはずれた経験は、主流に属さない他の人々を理解したり描いたりするうえで、とても役に立っているんじゃないでしょうか。大きな挫折感を味わうような出来事でも、必ずその中には肯定的な側面があると思っています。

ところで、今まで聞いた十代、二十代のお話の中で、恋愛に関する話は一つもありませんでした。

——恋愛はしなかったので。

二十代に一度も恋愛をしなかったんですか？　片思いも？

——もともと関心がないんです。私が六、七歳の時に友だちと水飲み場でしていた会話を、両親が覚えていて後で教えてくれたんですが、その友だちが「大きくなったら〇〇と結婚する」と言ったのを聞いて、「私は大きくなっても結婚はしない」と言ったそうです（笑）。その頃から、そういう考えだったみたいです。

前世でお坊さんだったのかもしれませんね（笑）

——そうかもしれません（笑）。私には基本的に、関係の不安定性や不連続性に対する思いが、常にあったように思います。どれだけ堅固な関係も、親子関係も、友人関係も、恋人関係も、いつかは変化して壊れてしまうという思い。関係には恒常性がないとずっと思っていたから、恋愛のようなものには関心がなかったんでしょう。

平凡な小市民は日常生活の疲れから逃避するために、素敵な男女が登場するロマンチックな恋愛映画でファンタジーに浸ったり、何かが爆発したり追撃されたりするアクション映画でストレスを発散します。そのあたり、イム・スルレ作品はかなり抑制的ですよね。監督の映画から観客が何を感じ取ってくれればいいと思いますか？

——昔はインターネットが発達していなかったので、かなり後になってフィードバックが来たのですが、『ワイキキ・ブラザース』の感想の中に誰かがこんな意見を書いてくれました。『ワイキキ』を見てから地下鉄の駅でナムルを売るおばあさん、掃除をする清掃スタッフ、餌を探して道をさまよう鳩などの存在に対する見方が変わった」と。私が映画を通して観客から受け取りたいフィードバックはたぶんこの種のものだと思います。観客が私の映画を見たことで、自分自身とは異なる存在に対して憐憫を感じたり、理解の幅を広げられたらといつも思っています。年齢を重ねるにつれて、映画を撮れば撮るほど、それは簡単なことではないと思いもしますが、基本的な考えは当初からそういうことでした。

自分自身とは異なる存在に対する憐憫

「自分自身とは異なる存在、他の生命に対する憐憫と理解」。映画監督イム・スルレが動物の権利団体KARAの代表として活動するのも、同じ理由だろう。KARAは二〇〇六年の設立後、ペットや野生動物の保護を主張し、犬の食用反対、動物実験反対、動物ショー反対等、様々な活動に取り組んできた市民グループだ。殺虫剤の卵への混入や口蹄疫、鳥インフルエンザなどの工場型畜産の問題が次々に発生したことで、KARAが提起した動物福祉についての社会的関心が以前より高まっている状況だ。

動物の権利に関心を持ったのはいつ頃からですか？

――動物の権利については関心というより、小さな頃から大の動物好きだったんです。犬や猫が好きすぎて、赤ちゃんみたいに背中におんぶしたり（笑）。変わった子でしたよ。その頃、町内の犬はまだみんな放し飼いでした。私は近所の犬たち全部と仲良しで、学校から帰ってくるとまず一匹が私に気づいて走ってくるんです。そうしたら、近所中の犬がみんな私のところに一斉に集まってくる。犬が群れをなしていくのを見て、母は「あ、うちの娘が帰って来たな」と思ったそうです。

想像しただけで、幸せな光景ですね。

――ところがある夏の日に、近所の人たちが犬の首を絞め、大釜を囲んで宴会をやっているのを見たんです。それは私にとって大変なトラウマになりました。忘れられない大きな心の傷となって、いつか大人になって時間ができれば、動物保護団体でボランティアをしたいと思っていました。まさか動物保護団体の代表までやるとは思ってもみませんでしたが。

KARAとはどういうご縁なんですか？

――いつか庭のある家で珍島犬《チンド》*5を飼いたいという夢が、私にはずっとありました。犬を飼うために庭付きの住宅を探して、南楊州《ナムヤンジュ》やソウルの城北洞《ソンブクトン》で家を借りて住んでいました。城北洞に引っ越して暮らしていた時、ある日うちの愛犬ペックが家を出たまま帰ってこなかったんです。あちこちを必死で捜したのですが、その時に初めてKARAの前身である「アルムプム」（二〇〇二〜二〇〇六）という団体を知りました。アルムプムの熱血運営委員の一人が、ペックの捜索のために駆けずり回ってくれました。結局、ペックは見つからなかったのですが、そのことがきっかけとなりKARAの名誉理事に名を連ねることになりました。そして二年後にKARAの代表を引き受けてほしいと言われたんです。でも映画監督をしながらグループ代表をするのは無理だろうと思ってお断りしました。

そのお考えがどうして変わったんですか？

——二〇〇八年に『私たちの生涯最高の瞬間』が封切られた後に、ダライ・ラマの法会を聞こうとダラムサラ[*6]に行きました。映画公開のすぐ後です。

そういう時は監督がいなければダメなんじゃないですか？　舞台挨拶とか宣伝とかしないと。

——そうなんです。でも、映画が損益分岐点[*7]を超えたのを見て、「私の仕事は終わった」と思って行っちゃったのです。映画が損益分岐点を超えると、あちこちの制作会社から次の作品のオファー電話がかかってくるのですが、まさにそのタイミングで法会を聞きに出かけたわけです。

それほどダライ・ラマの法会が聞きたかったんですね。

――ダライ・ラマが十日間の法会をされたんですが、その中にこんなお言葉がありました。「どれだけ修行して深い悟りを開いたとしても、それを実践に結び付けなければ完全な悟りとはいえない」と。新しいお言葉ではないのですが、胸の深いところに突き刺さりました。そこでKARAについて、もう一度考えたのです。十年ぐらいして映画の制作本数が少なくなって、少し余裕ができれば代表を引き受けてもいいと言ったのですが、十年後に何がどうなっているかわからないじゃないですか。動物に対する私の関心が枯れてしまうかもしれないし、彼らが私を必要としなくなるかもしれない。私の知名度がなくなって、力になろうにもなれないかもしれない……。先送りにせずに、彼らが一番私を必要とする時にやらなければと思ったのです。

KARAなどの動物保護団体では動物福祉について語るわけですが、「そもそもすべての人が菜食主義にならない限り、動物を育てて殺して食べるしかないわけで、食べるために飼う動物に福

＊5　韓国原産の犬。天然記念物に指定されている。
＊6　インド北部の高地にある街。ダライ・ラマをはじめチベットからの亡命者が多く暮らしている。
＊7　ここでは映画が黒字になるための観客動員数の目安を指す。

祉サービスなど意味があるのか」と反論する人々もいます。どんなふうに、お答えになるんですか？

——動物が六ヶ月生きようが一年生きようが、生きている間は生命として最小限できることをしてあげましょうということです。きれいな水と食事、適切な治療、そして動物には生まれながらの本性というものがあります。鶏は砂を浴びなければいけないし、竿に止まらなければいけないし、羽を整えなければなりません。これは鳥類の基本的な習性なのですが、それらが何一つできない状況にあるわけです。豚も動ける空間が必要なのに、全く動けないような密集式の工場型畜産をして、遺伝子組み換えのトウモロコシのようなものを食べさせて、抗生物質と成長ホルモンを投与して。それは結局、人間に返ってくるのです。EUはすでに化粧品の動物実験を禁止し、バタリーケージ（養鶏用の鉄製監禁檻）や豚を閉じ込める柵を撤廃する法を制定しました。インドのような国でも野生動物のショーを法的に禁止しました。

そういった話が出てくるたびに、動物は人間よりも大切なのか、動物福祉より農畜産業者の生活のほうが重要だと反駁《はんばく》する人々がいます。

——人から福祉を奪って動物の権利を強化しようというのではないのです。生命を尊重する思いやりや感受性が高まれば、人権感覚も高まるし改善もされるでしょう。動物の権利と人権を対立させるのは愚かなことだと思います。

最近の若い世代は以前の世代とは違って、動物の権利に対して一歩進んだ考えを持っているようです。

——韓国で大規模な高層アパート団地の造成が始まったのは、一九八〇年代はじめから中頃ぐらいじゃないですか。この八〇年代世代ともいうべき人々が、ペットを室内で飼った最初の世代です。外で飼うのではなく、家族の一員になったんですね。二十四時間、寝食を共にしながら気持ちを通わすわけですから。そうやって育った世代が我々のKARAだけでなく、動物保護団体の会員の大部分を占めています。その世代が社会のリーダーになれば、確実に文化が変わるだろうと期待しています。

すべての動物には生まれながらの本性があるとおっしゃいましたよね？　では人間の本性というのは何でしょうね？

——さあ、私にもその答えはわかりません。鳥は鳥、豚は豚で、長い時を経ても変わらない本来の習性があるように、人間にもそんな生まれ持ったものがあるはずですが、それは何でしょうね。仏教のもっとも基本的な思想は慈悲と智慧《ちえ》です。自分ではない他人に慈悲を施すことは、結局は自分自身に施しを与えることになる、自分と他人は明確に区別される存在ではないと考えるからです。私たちが悟りを開くためには智慧も必要ですが、智慧と慈悲の両者を堅持しながら人間本来の尊厳と品位を保って暮らすことが、最良の生き方じゃないですか？　智慧と慈悲は互いに対立するものではないのですが、この二つのバランスを維持するのは難しいですね。それは私にとって恒常的なテーマです。

今後の人生で、必ず成し遂げたいこと、計画などはありますか？

――年を取ったら何をしたいかは頭の中にはあるのですが、具体的な計画があるわけでもなく、何が何でも成功させたいというものでもありません。色々な条件が自然に重なっていけば、今、私が企画していることが実現するかもしれません。でも、そうならなくても別にいいんです、それはそれで満足ですし（笑）

今まで多くのことを企て、行い、成し遂げてきたが、イム・スルレはどんなことにも執着しないし、一喜一憂もしない。すべての命はつながり、循環しているという信念。生きとし生けるものすべてに対する敬拝と憐憫。広大な自然の摂理の中でちっぽけな幸福や不幸に淡々と向き合う、そこには揺るぎなさが必要である。その揺るぎなさというのは、鋭さや重々しさといったものではなく、どこまでも温かく柔らかなものであることを、私はイム・スルレ監督を通して見たように思う。

イム・スルレ版『リトル・フォレスト――春夏秋冬』

このインタビューの少し後、二〇一八年に韓国版『リトル・フォレスト』は公開された。プロローグは春、主人公のヘウォン（キム・テリ）が森の中を自転車で走っている。映画は彼女のモノローグから始まるのだが、この導入部分はかなり忠実なリメイクになっている。二〇一四、一五年公開の日本版でも主人公のいち子（橋本愛）が森の中を自転車で走っているのだが、すぐに気づくのは「色の違い」だ。

日本と韓国では森の色が違う。日本の濃い緑と韓国の明るい緑。日本の針葉樹の多い湿度の高い森。韓国の広葉樹の多い乾燥した森。それもあって日本では大雨による土砂崩れが多く、韓国では毎年のように山火事の被害がある。

その他にも二つの映画を見比べると様々な違いがある。春夏秋冬が一本にまとめられた韓国版は、登場人物も最低限、料理も風景も小道具も、そして人間関係も、すべてがシンプルになった。

このシンプルさが韓国版、というかイム・スルレ作品の魅力である。ちょっとムカつく友だちも、小うるさい親戚のおばさんも、どこにでもいる普通の人々である。それでいて絶対に欠かせない存在となっている。さらにこの映画がすごいのは、最低限の登場人物たちと肩を並べる万物の存在感である。それらの演技は光と色と音となって表現されている。中でも音が印象的だ。

トントンと菜を刻む音、シャカシャカとかき混ぜる音、ズズズッとすする音、グツグツと煮込む音、ゴクンと飲み込む音。身近な「営みの音」が心地よい。実は韓国の人々は、こういった音の世界にとても敏感だ。遥かなる昔から、常に耳を澄まして音を聞き、それを言葉で表現し、文字に書き写してきた。韓国語は日本語以上に擬音語が多い言語である。

イム監督は小さな音も実に注意深く拾っている。さらに俯瞰《ふかん》すると、その一つひとつの音が平等に役割を配分されているのがわかる。ミニマムであり、かつフラットな眺め。それでいて音の個性はとても大切にされている。おそらく、これがイム・スルレという人の世界観なのだろう。

超競争社会といわれる韓国にありながら、ここでは人間の言葉も、動物の鳴き声も、風の音も、お湯が沸く音も、すべてが等しく存在する。自分も愛犬もお茶碗も同じくかけがえのないものとして大切に扱われる。

イム・スルレ版『リトル・フォレスト』はインタビューの冒頭にあった「まるで温かな重湯がしみわたるように身体の内側から癒やしてくれる」、そんな映画である。

第二部

傷ついた心を抱きしめる

大韓民国の老害たちの人生から自分自身を知る

チェ・ヒョンスク

「朴《パク》大統領は直ちに戒厳令を発令してアカどもを一人残さずつかまえなければいけない」

「大統領は下野するほどの大罪は犯していない」

二〇一六年十一月十二日、ソウルの光化門《クァンファムン》広場一帯に百万人を超える人々が集まり史上最大のろうそく集会が開かれた日、汝矣島《ヨイド》の国会議事堂前には保守団体の会員七百名あまりが集まり「朴槿恵《クネ》退陣反対集会」が行われた。「任期保障」「国家守護」といったプラカードを掲げて、「従北左派[*1]を打ち倒そう」と叫ぶ彼らの多くは、六十〜七十代の高齢者たちだった。国家的な事案が発生するたびに、過激なスローガンを掲げて、極右勢力の最前線で闘ってきた老人たち。日当を払って動員したアルバイトだと決めつけるのは、あまりにも安易で短絡的すぎる。

内戦に傷つき、お腹を空かし、学びの機会を失った不幸な世代。産業化の渦の中、「為せば成る」というスローガンを叫び、まるで戦争のような生存競争を生き抜いた世代。権力の下で息を殺しながら、欲とコネによる成功コースからは振り落とされ続けてきた世代。その踏みにじられた人生において、「成長神話」と「国家安保」は彼らの光り輝くプライドとなっている。それが脅かされようとした時、老人たちは自分の人生がまるごと冒瀆《ぼうとく》されたかのように、敵愾心《てきがいしん》を露わにする。世の中は変化を否定する彼らを嫌悪し、彼らは変化を叫ぶ世の中に不満を持っている。互いに理解し合うことはできないのだろうか？

二〇一六年に出版された『爺さんの誕生』（イマジン、未邦訳）は、彼らの目線で、彼らの言葉で、彼らの人生を振り返るオーラル・ヒストリーだ。特別な肩書もなく、貧しく平凡な暮らしをしてきた七十代の二人の男性の人生が描かれた『爺さんの誕生』には、「老人と老害のあいだ、貧しい男性性の原点を探して」というサブタイトルが付けられている。著者は独居老人のホームヘルパーをしていたチェ・ヒョンスクである。

もっとも身近な存在として彼らに接しながら、誰にも言えなかった胸の内のしこりと、ボロボロにされた青春の記憶をえぐり出した。軍隊ではバットで殴られながら「立ち回り」を覚え、浮気はするわ、女は買うわ、借金のあげくに生活破綻。再び地べたから這い上がろうとする紆余曲折の個人史の中には、朝鮮戦争やベトナム戦争、維新政治[*2]とソウル五輪などの韓国現代史が重なる。七十代の高齢男性のオーラル・ヒストリーの中から、チェ・ヒョンスクが探し出した「老害の原点」とはどんなものなのか。二〇一六年十一月の早朝、ハンギョレ新聞社でチェ・ヒョンス

＊1　「従北」とは北朝鮮の政権に追従する勢力を意味する言葉で、従北左派は、韓国の右派の一部が左派に対してレッテルを貼る時に使われる用語。

＊2　一九七二年十月、朴正熙《パクチョンヒ》大統領による維新憲法が発布され、さらに独裁的になった政治体制を指す。

クに会った。

朝早くお出かけいただいて、大変でしたよね。

——家はここから近いんです。担当のエリアもこの近所ですし。それに今日の午前中はキムジャンのボランティアに行こうと思っていたので……。インタビューが終わったら駆けつけます（笑）

ざっくりしたパーカーの上に黒いジャンパーを羽織った彼女は、すぐにでもゴム手袋をはめてキムジャンに参加できる態勢だった。「エプロンをすれば食堂のおばさん、箒《ほうき》を持てば掃除のおばさん」と、ケラケラ笑いながら自分について語るが、彼女はこの三年間に『爺さんの誕生』など三冊の著書を出した、力のある作家である。[*3] 二〇一三年に『天国と地獄がそれほど違うもんかい？』（イマジン、未邦訳）というタイトルで八十代、九十代の女性たちのオーラル・ヒストリーを上梓したのに続き、翌年には五十代〜七十代の女性たちの人生を描いた『袋小路だと思ったら、再び細い道が現れた』（イマジン、未邦訳）を刊行した。そのうちの最新刊である『爺さんの誕生』は七十代の男性たちの労働と家庭、そして性に関するリアルを書いた三冊目の著作である。

三冊ともすべて、誰も注目しない、特に目立った経歴もない、貧しい老人たちの物語です。貧しい人々に注目する特別な理由があるのですか？

――韓国社会の歴史や公的な記録というのはすべて、「学歴のある人」「財力のある人」たちによって記録されたもの、あるいは彼らの視点でまとめられたものです。社会的に疎外された人々に会って、これまで表に出ることがなかった彼らの声を聞き出し、我々の歴史の一部として共有すること、それが私のしたかったことです。単に経済的な貧困だけではなく、情緒的な貧しさも含めた……。

情緒的な貧しさというのはどういう意味ですか？

――『爺さんの誕生』に出てくるイ・ヨンシクさんのように、貧乏で結婚もできないまま日雇い労働者として生きてきた自分の人生を、意味のないものと考えてしまう人が多いのです。それを別の意味にとらえ直せるように、何かお手伝いはできないか。いや、お手伝いというよりは、その思いを分かち合うことですよね。私が貧しい人々のオーラル・ヒストリーの仕事をする最大の目的は、そこにあります。

つまりオーラル・ヒストリーの執筆は、その人たちの人生を記録するだけでなく、それを通じて彼らが自分の人生を振り返り、彼ら自身で別の評価を下せるようにするということですか？

＊3　二〇二四年三月現在、単著・共著を合わせて二十冊近くの本を出している。

――ええ、そうです。まずは痛みだろうが何だろうが、すべて吐き出してしまうのが一つの治癒の過程になります。単に私が質問して記録するのではなく、人生について共に語り合うことで、ご自身が再解釈できるようになるんです。もちろん社会的にも、彼らの声や経験を残すことはとても重要なことだと思います。

オーラル・ヒストリーを記録して、その最後に人生の年表をまとめていますよね。七十代の男性の一代記の横に、植民地からの解放や朝鮮戦争、ベトナム戦争、ソウル五輪などの歴史的事件が併記されていて、韓国版『フォレスト・ガンプ』のようなものを見ている気分でした（笑）

――教育を受けていない人たちにとって、自分を歴史的に客観視することは簡単ではありません。露天商をしたり、ベトナムに派兵されたことなども、どんな歴史的背景があってそうなったのか、言及することができません。社会から切り離された個人ではなく、自分自身を社会的な存在として意味付けし、これまで自分がどんな歴史的事件と関わりながら生きてきたのか、振り返ってほしかったのです。

韓国版『フォレスト・ガンプ』のように、七十、八十代の男性の一代記にスポットを当てた映画が『国際市場で逢いましょう』（二〇一四年）でしたよね？ あの映画は戦争の後に韓国の男性たちがどれだけ苦労して成功したのか、家族を食べさせるためにどれだけがむしゃらに生きてきた

のかを見せる、いわば男性中心の涙の成功譚だったということです。もちろん私も涙なしには見られなかったのですが……（笑）

——私は『国際市場で逢いましょう』が描いて見せたような成功の概念には反対です。がむしゃらに金を稼いで家族を守ることが成功とみなされるわけですが、それが韓国社会のいわゆる「正常イデオロギー」を構成しています。でも、現実に出会う大多数の人々は、実は「様々な非正常」なんです。お金を稼げることもあれば、稼げないこともあるし、離婚することもあれば、結婚できないこともあるわけだし……。そういう人々を非正常と見なしたり、その基準を内面化して自分の人生を意味がないとか恥ずかしいとか考えるのは、間違っていると思うんです。

インタビューの対象はどうやって選ぶのですか？

——私の基準は「誰でも」です（笑）。とにかく誰でもいいからつかまえて、これまでの人生の話を聞けば、一つの世界が浮かび上がってくると思っています。その誰でもの中で一番「突き刺さる」のは多弁で、より多くのトラウマと抑圧を抱えた人です。ちょっと私の手には負えない人でもあるんですが。話のネタが尽きないし。

インタビューをお願いしたら、素直に応じてくれたんですか？

——みんな私とは長いつきあいの人たちです。信頼関係が重要ですから。ホームヘルパーの仕事をしながら出会ったお年寄りとか、あるいは周囲にいる同僚という場合もあります。ただ、実際に始めてみると簡単ではありません。八十代、九十代の高齢者の場合は、私がきっちり三名を選んで、その場でOKしてもらって最後までやりました。そのほかは四倍ぐらいの人を選びました。十二名にお願いして、そこから三名が残りました。

え！　九名は途中でやめたんですね。

――「やりますと言ったけど、家に帰って考えてみたら到底無理そうだ」とか、「ダンナも生きているし、子どももいるし、親戚もいるし……」とか。女性たちの場合は、それでやめてしまうことが多いんです。もうちょっと年を取るまで待つしかないですね（笑）

ホームヘルパーとして週に二十五時間仕事をする合間に、インタビューをして、テープ起こしをしたものをまとめながら、並行して原稿を書いていく。インタビューのために一人の人に会う期間は六ヶ月ほど。スケジュールはわざと詰め込まないようにする。話をした後で、もう一度考えをまとめる時間を与えるためだ。

男らしさの条件は、金、体力、精力

きわめて内密でプライベートな領域、女性問題や性について赤裸々に告白するタイトルも印象的でした。お年寄りはなかなか口にしないテーマだと思うのですが。

――より具体的な人生の経験、つまり、セックスの経験であれ、労働の経験であれ、家族間の強い愛憎の経験であれ、その記憶の中に深く入ることが、自分自身の人生を理解し解き明かすために、とても重要だと思うんです。

いくら年を取っていると言っても、一人暮らしの高齢男性が年下の女性に、自分の女性遍歴や性の問題について告白するのは簡単ではないですよね。

――むしろ高学歴だったり社会的地位の高い人のほうが、偽善や教養のベールで包み隠して、ちゃんとは話さないでしょう。貧しい人たちの場合は、性関係が労働や居住、性愛に直結するんです。金持ちは、家庭は家庭、仕事は仕事と分けながら、それとは別に女性問題も何とかできるのですが、貧しい人々は違います。「もっとも個人的なことが、もっとも政治的なこと」という言葉がありますが、性の問題はとても政治的なことなので、彼らの性に関する話は絶対に聞きたいと思いました。

男は腰が曲がっても藁《わら》を摑《つか》む気力があれば立つというけど、女は年を取るとしんどいんだよね。だから俺は不満ばっかりだ。欲求を何とかしなくちゃ。（中略）男やもめに蛆《うじ》がわき、女やもめに花が咲くというけど、それは本当にそうだなと思う。（中略）男は女房がいなきゃ、性欲を金で解決しなきゃいけねえ。でも、亭主のいない女は金をもらってやるんだから。（キム・ヨンスル「俺は雑草だ。どんな深みにはまっても必ず這い上がってやる」、『爺さんの誕生』イマジン、二〇一六、百十八ページより）

『爺さんの誕生』の記録者として、「大韓民国の老害爺さんたちはどうやって生まれたのか」、答えは見つかりましたか？

——市民団体が集会をする時に、マイクの音量を最大にしてカウンター行動をするお爺さんたちは老害だといわれますが、私は前からそれには疑問を持っていました。そうやって老人世代を一括りにしてはいけないんじゃないか？　だから統計では表せない、個々人の中に入ってみたかったんです。彼らに会うことで私が感じたのは、「彼らは彼らの視点で自分を見ているのではなく、金持ちや高学歴の人たちの視点や評価に倣って、それを自分のアイデンティティとして内面化している」ということ。貧しい人たちは、自分のアイデンティティを独自に持つ機会がないのです。

だから高学歴の人々や権力を持った人々の言葉を真似して自身自分を評価し、そのモノサシで世の中を見てしまうのです。

自分が同一化したい対象は、自分と同じような学歴も低く貧しい人ではなく、もっと豊かで学歴の高い人だ？

――そうです。

「自分は条件が揃っていなかったからその地位には届かなかったけど、自分の意識は彼らと同じなんだ」と考えたいということですね。そして同世代の高学歴者や富裕層の発言は、ほぼ極右保守に寄ったものが多く……。

――そういうことです。だから自分の階級を裏切るような政治的選択をしてしまう、自己虚像化というんでしょうか、そういう現象が現れるんです。彼らからの聞き取りにも出てくるのですが、たとえば進歩派に向かって「お前らは自分の心配だけしてりゃいいんだ。貧しい高齢者が心配だから老人基礎年金を二十万ウォンに上げろだなんて大きなお世話だ」と言ったり。これは韓国の保守政治界隈から出てくる発言と同じです。実際には彼にとってこそ、そのお金がとても切実なのに……。

『爺さんの誕生』には「家父長制は女性と男性の両者をあまねく抑圧し傷つける」、特に「貧しい男性に対して抑圧的である」と書かれています。家父長制が男性に適用される場合、社会的・経済的地位によって適用のされ方が違うという意味でしょうか？

——金持ちの男たちも家父長制によって抑圧され、被害を受ける側面があると思っています。でも彼らには家父長制の下で、実際に「ボス」役ができる他の権力があります。たとえ家父長制の被害を受けたとしても、自分が行使できる権力がそれ以上に多ければ、それなりに甘受もできるでしょう。でも貧しい男たちは家長としての経済的責任があるということを、つまり男はお金を稼がなければいけないし、さらに体も心もセックスも強くなければいけないと、思い込まされているのです。

「男は金と体力とセックスに強くなければいけない」という強迫観念！

——そうなんです。だからそれができなければ男として失格だと思って、深い喪失感や自責の念にかられてしまう。経済力のない貧しい男は「男らしさ」の基準に届かないから。

結婚もできずに、お金もないし、考試院《コシウォン》[*4]に住んで、一生肉体労働をして、そういうのはみんな恥ずかしいじゃないですか。誰が見てもまともな人間には見えないでしょう。チェ先生（チェ・ヒョンスク）だからそうは思わないだけで、百人中百人が、普通ではない、何か足りな

いと思うに決まっています。（イ・ヨンシク「私は貧乏で妻も子もいない」、『爺さんの誕生』、二百五十六ページより）

イ・ヨンシクさんは小柄なことと、女がいないことが男性として大きなコンプレックスになっているようですが、キム・ヨンスルさんは貧しくてもかなり自信感にあふれている感じがしました。

——キム・ヨンスルさんにイ・ヨンシクさんの話をしたら、「その人を私のところに連れて来なさい。私がちょっと教育をしてやるから」と言っていました（笑）。自分はよく知っているからって。自分も離婚して独り身だけど、それでも「上手だから」って。彼はセックスに自信があるんですよ。何が男性らしさかについて、歪んだ基準を持っている。

＊4　韓国に昔からある受験生用のレンタルルーム。わずか一坪ほどの狭い空間だが、最近は低所得者の住居としても利用されている。

好奇心で境界を越える

私もインタビューをする人間ですが、毎回、書くたびに難しいと感じます。インタビュー記事を書くのに徹夜したと言うと、周りの人たちには「録音したことをそのまま書けばいいのに、どうして徹夜なんかするの？」と不思議がられますが（笑）。とくに高齢者の話は大変です。筋道がなくて散漫で、主語がないまま同じ話が繰り返されることも多いし。著書を読ませていただくと、記録者が語る側にしっかりと感情移入して、その人たちの胸の内をすべて読み取っているのを感じます。

――感情移入が必要な時はありますよね。皆さんの語りを、なるべくそのままの状態で読者に伝えたいから、できるかぎりお爺さんたちに憑依《ひょうい》する努力をするんです。彼らとの普段の会話も録音をしていますし。一人で道を歩いている時も、例えば古紙を集める老人はどんな気持ちなのかを考えながら、録音をオンにした状態で一人でブツブツ言いながら歩くのです。

自分の言葉を録音するんですか？

――できるかぎりの憑依をして、その人になりきってつぶやきます。忘れないように録音もします。でも感情移入と共に、距離を置くことも大切だと思っています。自分が相手に同意しようがしまいが、感情に飲まれないように、距離を置いて観察すること。お爺さんたちに対してだけじゃなく、私自身に対してもそうです。距離を置いて見るのが習慣になっているようです。

老人特有の長々とした自慢話や愚痴で終わってしまうこともあるでしょうに、感情移入をしながら距離を置くという、そのみごとなバランス感覚に驚きます。

――持ち上げようとか、咎《とが》めようとか、泣かせようとか、そんなつもりはありません。お婆さんたちの語りをまとめた最初の本でも、母性を称賛するのはやめようと書きました。正確に知って、理解することが大切だと思うんです。私も読者の皆さんも。

実際のところ韓国社会で高齢男性は、別の意味でも嫌悪の対象となっています。ところかまわず大声で怒鳴ったり、どうしようもなく厚かましかったり、年長者の権威をふりかざす無頼漢が多いですよね。電車でも優先席に座っている妊婦にどけと言って喧嘩《けんか》になったり（笑）

――お爺さんたちのそんな素顔が露わになったり、お婆さんたちが前に座った見知らぬ他人に向かって「どこに行ってきたんですか？」と話しかけて娘や婿の話をしているのを見たら、ともかく録音ボタンを押します。フィルターを通さない、その人たちのリアルな話ですからね。いい悪いはともかく。あの爺様たちがどうしてああなのかを知ろうとするなら、その場で理解するのは難しくても、最大限の観察をして記録することは、ものすごく重要なんですよ。

それほど関心を持たれるということは、愛情がなければ不可能ですよ。

――彼らに対する私の基本的なポジションは「擁護」です。貧困と苦労を経験してきたことだけでも、彼らは私の先生なんです。貧困と苦労をどう解釈するかについては、私と彼らの考え方は違いますが……。それに気になるじゃないですか（笑）。どうしてあの人はあんなに性格が悪いのか、あの女性たちはどうしてあんなに喧《やかま》しいのか。私自身の最大のモチベーションは好奇心かもしれません。恐れと好奇心はいつも共存しているのですが、好奇心が強すぎて恐れを乗り越えてしまうんです。境界を超えることについて、あまり怖がらないタイプというのか。

老人のオーラル・ヒストリーを通じて振り返る、私の人生の恥部

チェ・ヒョンスクが老人たちのオーラル・ヒストリーを書き始めた動機は、彼女の決して平凡ではない経歴に端緒をつかむことができる。一九五七年に全羅北道南原《チョルラブクトナムウォン》に生まれ、ソウルにある徳成《トクソン》女子大学家政学科を卒業し、二人の子どもを育てる平凡な主婦として暮らしていたのが、三十代前半から社会運動に参加することになる。当初は町内のカトリック教会で、貧しい病人や

親のない子どもの世話などをしていた。天主教正義具現全国連合で活動をした後、二〇〇〇年以降は本格的に進歩系政党の運動に飛び込んだ。二〇〇四年に四十七歳という年齢で、同性愛者であることをカミングアウトして離婚。二〇〇八年四月の総選挙では進歩新党の候補者として、ソウルの鍾路《チョンノ》から性的マイノリティーであることを公表して出馬した。結果は予想通りの惨敗だったが、性的マイノリティーの存在を政治の場で明確にしたことの意味は大きかった。

カミングアウトをした年齢が満四十七歳ですよね。結婚して子どもを産んで二十五年暮らしながら、どうして突然、そのような決心をされたんでしょう？

——自分の願望をきっちり確認したんです。夫は堅実な中小企業の経営者として、安定した家庭を築きたいと願っていました。彼の生き方に反対はしませんが、私は別の生き方がしたかった。はじめの頃は家庭を守りながら、自分の人生も自分なりに生きられると思っていました。ところが夫との対立は深まるばかり。そんな時にものすごく好きな女性ができたんです。

今はその方と一緒に暮らしているわけじゃないですよね。後悔していませんか？

——結婚も離婚も一つの過程だと思っています。女性を好きになって一緒に暮らした経験は、夫と暮らした経験とは全く違います。少なくとも私の意見について話し合い、一緒に考えていこうとする関係でした。今は一人で暮らしていますが、私は基本的にはひどい個人主義者で、唯我独尊的な人間だと思っています（笑）。干渉されるのが、ものすごく嫌なんです。外では常に人々を集めては何かをしているのですが、本当はプライベート空間に一人でいながら、自分で時間と空間を管理して過ごすのが好きなんです。

二〇〇八年の第十八代総選挙では、国内初のレズビアン候補として進歩新党から出馬されました。今回の本の序文にも「私は左派だ。どんな悪口を言われようが、どんな誤解をされようが、私は左派だ。どんな社会であろうとも左派であるつもりだし、それが私の生きる喜びだ」と、とてもはっきり（笑）書いていましたよね。ご本人がお考えになる左派とは何なのでしょうか？

──疎外された場所で、疎外された人々と共に暮らしながら、その人たちと共に立ち上がること。それは私の社会活動の出発点となった宗教的信条とも完全に一致します。

政党活動から社会福祉に方向転換したのも同じような理由からですか？　疎外された人々と共にあろうとする？

──二〇〇八年頃から、進歩政治というものが壊れ始めました。政治路線の違いによる内部対立もひどくなって。その時、五十二歳だったのですが、その年齢で一番入りやすくて、自分のやりたいことができる仕事は何だろうと考えました。生活のために働くにしても、どんな仕事をするかは重要じゃないですか。そんな時、目に留まったのが介護福祉士でした。二〇〇八年に介護保険制度ができ「介護労働の社会化」が重要な課題となった時でした。

その時から勉強を始めて介護福祉士と社会福祉士の資格を取り、二〇一三年からは独居老人のホームヘルパーとして、ソウル市麻浦区大興洞《マポグテフンドン》一帯の高齢者を担当することになった。貧しい一人暮らしの老人に対する週二回の電話、週一回の訪問、支援物資の伝達などが主な仕事で、一日に五時間働いて月に七十八万ウォンほどの俸給を受け取る。これは最低基準の支給額ではじき出された金額だ。

失礼な言い方かもしれませんが、チェ・ヒョンスクさんは左派であり、カミングアウトした性的マイノリティーであり、バツイチであり、貧しい一人暮らしの女性であるわけです。

——（ゲラゲラ笑いながら）ええ、まさに。

異端中の異端、マイノリティー中のマイノリティーという意味です。さらに驚くべきことは、これらすべてを自ら選択されたということです。どうしてなんですか？

——さあ、好奇心じゃないですか？（笑）。どちらにしても「味」がある。そういうところに、人生の味わいを感じます。安定した暮らしは、何となくつまらないし、人々を怠惰にしてしまうような気がします。

本の著者プロフィールのところに「悪い女はどこにでも行く」というウーテ・エーアハルト（ドイツの心理学者）の言葉が引用してありましたが、自ら悪い女と自認されるんですか？

――この社会で良い女、悪い女を分けるのはいつだって「正常イデオロギー」です。何が正常で何が非正常なのかを分ける……。私は幼い頃からそこに強い抵抗感があったように思います。父は教師だったのですが、ものすごく家父長制的な人で、私が奥ゆかしい淑女になることを望んでいました。ソウルに引っ越した際に父は仕事を失い、その代わりに母親が金貸し、家貸し、米軍の横流し品の商売など、仕事を選ばずにお金を稼いだせいで、父のコンプレックスは悪化しました。それが暴力となって現れたのですが、父の暴力は私にとって、「殴られた」というよりは「闘った」という記憶になっています。じっと歯を食いしばって睨みつけながら殴られ続けているのですから、父にしてみたらさぞかし憎たらしかったと思いますよ（笑）

家父長的で暴力的な父親によって傷ついただけでなく、彼女の成長過程には致命的なコンプレックスがあった。思春期に始まったワキガである。活発で聡明だった女学生は自分から他人を避けるようになり、通行禁止[*5]が解除される早朝の始発バスに乗って登校し、真冬でも窓を開けているほど、自己嫌悪と対人恐怖がひどかった。

それほどコンプレックスがひどかったなら、手術することもできたんじゃないですか？

——女は身体に傷をつけてはいけないと、父が手術させてくれなかったんです（笑）。十代前半から私の人生は巨大な混沌と泥沼の中にありました。父親への反発は単に父親だけでなく、社会全体の秩序や権威、規範に対する抵抗を意味しました。ワキガの経験によって、それまで特に関心もなかったすべての捨てられたもの、道端のゴミや毒キノコなどに対しても、別の見方をするようになりました。自分と同じような存在として同一視するようになったのです。深い羞恥心《しゅうちしん》と欠乏感、そのせいで大学生になるまで盗癖もありました。当時はそんな自分自身が全く理解できませんでした。いったい私というのは、どういう人間なのだろうと。

その話を書いてもいいんですか？

——書いてもいいですよ。そんなトラウマと混乱、試行錯誤が私自身の内面を知るうえでの核心的な部分ですから。父親からの暴力を体験することで、私自身が暴力を内在してしまったことも問題でした。結婚して子どもを産んで育てながら、子どもたちに暴力をふるったのです。それが上の子どもたちにとって大きな心の傷となってしまったことを、後になってから知りました。

＊5　独裁政権時代の一九六一年から一九八二年まで実施された夜間通行禁止令。おおむね深夜零時から早朝四時までが通行禁止時間とされていた。

は、私が離婚訴訟をした時に、離婚請求の理由を「夫の暴力」と書いたのを見て、私に対する気持ちが変わってしまったそうです。私がカミングアウトをして家を出る時には、「子どものために無理にお父さんと暮らす必要はないよ」と言ってくれた子が……。あの子にとって母親がどれだけ偽善的に見えたか。自分に暴力をふるっていた母親が夫の暴力を理由に離婚するとは……。上の子は今もそのことで私に会おうとしません。

彼女は息子の話をしながら、何度も深いため息をついた。むしろ困惑したのは私のほうだった。なぜ、この人はここまで自分のことをさらけ出して、客観化しようとするのか？　老人たちにインタビューする時のように、自分自身にも問いかけ、自分が答えることを何度も繰り返してきたに違いなかった。

高齢者のオーラル・ヒストリーを聞きながら、ご自身に問いかけることも多かったでしょうね。

——オーラル・ヒストリーの作業をしながら、私自身についてのメモも書き続けていました。私はどうしてああだったのか？　できるかぎり集中して自分を解剖し、自分自身に釈明したかったのです。誰もが生きていく中で試行錯誤を繰り返し、多くの過ちを犯すと思うのですが、そんな自分の人生を自らどんなふうに分析して規定するのか。それが残りの人生のために、とても重要だと思うのです。暴力の被害や加害の記憶は、私にとって致命的な障害物なのですが、それをきちんと分析して整理すれば、生きる力を引き出すための重要な土台になりうるとも思っています。

貧しい一人暮らしのお年寄りに会いながら、チェ・ヒョンスクは自分のトラウマや過ちを直視する勇気と省察の知恵を得たのだろう。インタビューが掲載された後、チェ・ヒョンスクはホームヘルパーを辞めて専業作家になった。二〇一八年のはじめにはソウルの望遠洞《マンウォンドン》で商売をする五十代、六十代の女性の生涯を記録した共著『この世では望遠市場』（クルハンアリ、二〇一八、未邦訳）を刊行し、最近は大邱《テグ》市《シ》の達城郡《タルソングン》友鹿里《ウロンリ》のお婆さんたちのオーラル・ヒストリーを集めた本[*6]を書いているという。進歩的であることを自認する人々にとって、もっとも恐れるべき敵は、「省察なき老化」ではないだろうか。それは老害と言われる高齢男性のみならず、私たちすべてが陥る可能性のある沼だ。チェ・ヒョンスクは老人たちのオーラル・ヒストリーを通して、自分自身を再解釈し再規定する、自己省察の努力を続けている。

*6　『お婆さんの誕生』（クルハンアリ、二〇一九、未邦訳）。

荒ぶる老人と、高齢者の貧困問題

韓国は高齢者の貧困率が非常に高い。二〇二〇年基準では四〇・四％。統計を取り始めた二〇一一年の四六・五％からはわずかに改善傾向にあるとはいえ、OECD加盟国三十七ヶ国の中ではダントツの一位である。ちなみに日本は二〇％であり、これもOECDの平均一三・五％よりは高くなっている。

高い貧困率は高い自殺率につながっており、「二〇二二自殺予防白書」によると、韓国の高齢者自殺率は人口十万人あたり四十六・六人と、こちらもまたOECDの中で圧倒的な高さとなっている。ちなみにOECDの平均は十七・二人である。

これは数字上の話ではなく、現実の韓国社会でも「貧しい老人たち」を、いたる所で目にする。「タルトンネ」と呼ばれる都市の貧困エリアで暮らすのはほとんどが高齢世帯だし、街でリヤカーを引きながら古紙を回収する高齢男性もいる。駅前や公園の無料給食の列にもたくさんの高齢男性が並んでいるし、通勤時の地下鉄などで座席を占有する高齢者が問題になることもある。韓国の地下鉄は六十五歳以上は無料であり、行き場のない高齢者にとって恰好の「居場所」になっている。

こういう話題が出ると、日本人の多くは不思議がる。「韓国は儒教文化の国なのに、どうしてお年寄りが悲惨な暮らしをしているんですか?」

答えは難しそうで、実は簡単だ。儒教の国だからこそ、その扶養は「当然、家族がするもの」とされ、公的な支援体制は極めて脆弱だった。公的年金や生活保護の支給額も少なく、何らかの理由で家族と離れて暮らす高齢者は困窮するしかない。また高齢者向けの医療特典も少なく、保険適用範囲も限られているため、病気になった時の医療負担はとても重くなる。高額の治療は諦めるしかないと思っている人たちは多く、自殺率の高さの原因の一つはここにもあると言われている。

韓国の保守系団体が街頭でデモや集会をするようになったのは、二〇〇〇年代に入ってからだ。今も毎日のように光化門広場には、大音量の演説や音楽が響き渡っている。参加者のほとんどが高齢男性だ。聞くに耐えないような罵詈雑言《ばりぞうごん》には驚くばかりだが、彼らはなぜあんなに荒ぶるのか。彼らだって本当は「優しいおじいちゃん」でいたかったはずなのに……。きらびやかな韓国の経済発展が積み残してしまったもの、その一つが老人福祉である。

苦しみの話を、
苦しみながら聞いてくれる人

ク・スジョン

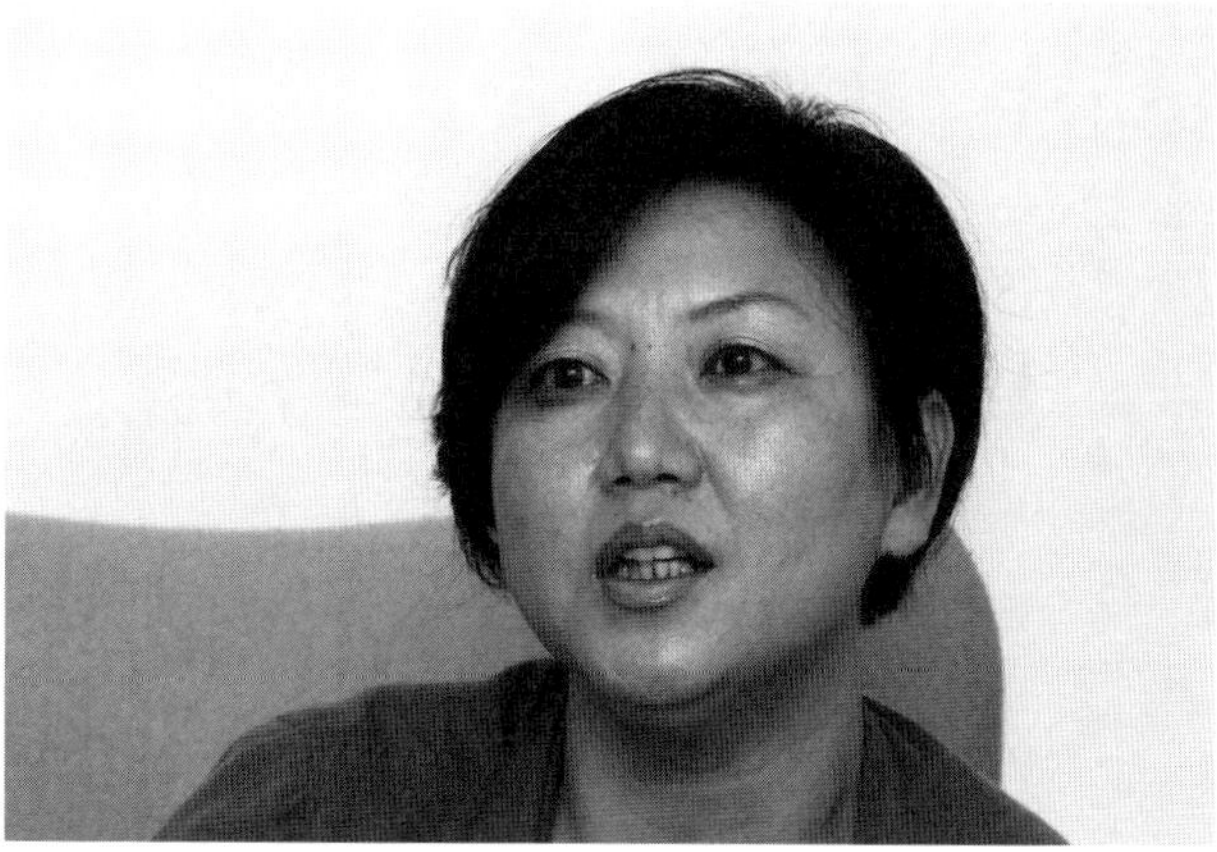

いっそのこと銃で撃って殺してしまえば、いっそのこと鋭い刃物で心臓をひと突きして殺してしまえば、あれほど苦しまなくても済んだだろうに……。韓国軍の銃剣は鋭利ではなかったのです。だから四歳の私は九ヶ所を刺されても生き残った。でも、他の人たちは息が絶える最期の瞬間まで三日三晩、血を流しながら、水の一滴も飲めずに、苦痛にのたうち回って死んでいったのです。（ベトナムのフーイエン省で会った生存者からの聞き取り）

ク・スジョンが伝えるベトナム人の証言は想像を絶するほど残酷だ。一九九九年五月、『ハンギョレ21』が初めて、韓国軍によるベトナムの民間人虐殺を記事にした時、筆者であるク・スジョンはホーチミン大学歴史学科の修士課程に在籍する学生だった。韓国軍の公式記録からまるごと抜け落ちた歴史、事件から三十年以上も封印されてきた野蛮と狂気の実態が初めて、三十代の若き女性研究者によって暴き出された瞬間だった。ベトナム反戦運動の嵐が米国をはじめとした全世界で吹き荒れていた時も、ソンミ村虐殺事件[*1]などの民間人被害に対する謝罪や贖罪《しょくざい》運動が広範囲に広がった時も、反戦・平和運動の無風地帯だった韓国。ク・スジョンが投げかけた波紋はとてつもなく大きかった。

ベトナム戦争に従軍した退役軍人の一部はハンギョレ新聞社に乱入し、虚偽の事実を流布されたと猛然と抗議した。一方で若者や知識人らにとってク・スジョンの記事は、まさに雷に打たれたような衝撃であり、韓国が犯した戦争犯罪に対する謝罪と贖罪運動の導火線となった。「ごめんなさい、ベトナム」運動が起こり、虐殺現場を直接訪れる人々も年々増えていった。ベトナム紀行は現地の人々に真摯《しんし》な謝罪の気持ちを伝える旅だった。ベトナムの有力メディアであるトゥオイチェーはク・スジョンを「韓国人の良心」を象徴する人物として紹介し、二〇〇〇年にはベトナムのグエン・ジニエン外相から、ク・スジョンの「美しく尊敬に値する行動」に対する感謝の手紙が送られた。ところが今もク・スジョンは、歴史の表舞台には立っていない。

彼女は依然として民間の活動家であり、韓国とベトナムの双方が公式的な言及を避けるベトナム戦争の真実を暴き続けている。ク・スジョンはどうして身の危険を冒してまで、皆がつらい思いをする戦争と殺戮《さつりく》の歴史を暴こうとするのか。忘れられた過去の痛みと傷をほじくり返し、彼女が見つけようとする真実はいったい誰のためのものなのか。ベトナム戦参戦五十周年にあたる二〇一四年初夏、私は景福宮《キョンボックン》の塀が見える静かなカフェの二階でク・スジョンに会った。当時、

＊1　ベトナム戦争中の一九六八年にアメリカ軍が引き起こした住民虐殺事件。無差別射撃で村民五百四人が犠牲になった。その大半は女性と乳幼児を含む子どもだった。当初は敵のゲリラ部隊との戦いと報告されていたが、フリージャーナリストの報道で真相が明らかになった。

彼女はベトナムで暮らしていたが、韓国に一時帰国していた。

これまで多くの文章を書かれてきましたが、ご本人についてはあまり知られていませんよね。個人的なインタビューはわざと避けてこられたのですか？

――ベトナムでは時々受けたことがあるのですが、韓国では今回が初めてだと思います。実は今朝もすごく後悔したんです。目が覚めて、起きてシャワーを浴びながら、ふいに「何だよ、これ（インタビュー）。何で引き受けちゃったんだよ」って、一人で悪態をついて、シャワーをぶん投げて、ああ、どうしよう……って、そう思いながら来たんです（笑）

これまで書かれたものには、個人的なエピソードを織り交ぜたものはありませんよね。国際的な活動をする女性の中には、そういったエッセイを書いてベストセラーになっている方も少なくないのに。

――書くのはあまり好きではないみたいです。書く以外に私にできることがない時、仕方なく書いています。

意外です。

――はい。カラオケでマイクを持って歌うのも震えます（笑）。仕事だと思うから講演もするし、原稿も書きますが。

私たちがベトナムについて知っていることの半分は、ク・スジョン博士から出ている。周辺で、そんな話を聞いたことがあります。

——そうですかね。ビジネス方面や学会などには別の専門家がいらっしゃるだろうし、私は自分が「活動家」だと思って生きてきたので……。ベトナムは長く暮らしても、理解するのが難しい国なんです。ベトナムの人たちとわかり合うのは簡単なことではないし。他の人には見えないことが私に見えているとしたら、それはおそらく共感能力のせいだと思います。ベトナムはク・スジョンという個人を、一つの「通路」だと信じているようです。自分たちの物語を受け止めて、どんな形にしろ伝えてくれる伝達通路。時間の蓄積によって得た信頼といえるかもしれません。

長い間お一人で、本当にたくさんの仕事をされました。不安になることはありませんでしたか？

——実は今も悩んでいます。（一九九九年に初めての記事を書いてから）これまで、途切れることなく何かを続けてきたつもりだったのですが、この間に何かが変わっただろうか？　被害者の話もたくさん聞いて、あれこれプロジェクトもたくさんやったと思うのですが、いざ（虐殺の被害現場に）行って人々の暮らしぶりを見ると、何も変わっていないのです。そして一人、二人といなくなる。一九九九年に初めての取材で出会った人々のほとんどが、今はもう他界されました。虐殺を記憶する人は何人も残っていないのですが、私が初めて彼らに会った時から亡くなる時まで、彼らの苦しみは特に何かが変わったというわけでもないんです。それを見ながら、ものすごく限界を感じました。それでも、この仕事を辞められないのは、こんなふうに言っていいのかわからないのですが……。

何ですか？　辞められない理由は。

――私が動くことで人々が関心を持ってくれるし、私が彼らの話を少しずつでも伝えることで、誰かが来て仕事を引き継いでくれるだろう。でも私が止まった瞬間に、誰も聞いてくれなくなるんじゃないか。私が止まってしまえば、ベトナム問題を考える人がもう出てこないかもしれない……そんなふうに思ったのです。

ク・スジョンは一九六六年生まれだ。彼女が生まれた年の陰暦の正月が、ベトナムで韓国軍による民間虐殺がもっとも多く起きた月だった。その奇妙な運命の現場に出会うまで、彼女は韓国で平凡な成長期を過ごしていた。母胎信仰[*2]の敬虔《けいけん》なクリスチャンだったク・スジョンは一九八五年、韓国神学大学（韓神《ハンシン》大学の前身）社会福祉学科に入学し、学生運動に参加した。卒業後は月刊『社会評論』の記者をしていたのだが、雑誌が廃刊になったため、先輩に連れられて入ったのが金大中《キムデジュン》の選挙キャンプだった。一九九二年のことである。DJ[*3]の名前で出される文章や、テレビ番組用のスピーチ原稿を書くチームで仕事をした。結果は落選だった。「DJが最高だと思ったことは一度もなかった」が、実際に選挙に負けてしまったことで「彼すらも受け入れない社会」で暮らすのが嫌になった。だから韓国を離れたかった。ベトナムに留学すると言ったら、母親は「そこはまだ戦争中じゃないか」と言い、ハンストしてまで阻止しようとした。しかしク・スジョンは意地を貫き通した。

九〇年代初頭はロシアや中国に留学するのがブームでしたよね。どうしてベトナムを選んだのですか？

――どうしてベトナムにこだわったのか、私もわかりません。韓国を出なきゃと思った瞬間に、脳裏に浮かんだのがベトナムだけだったんです。ベトナム語もできないし、なんのコネもありませんでした。ただ大学に通っていた頃にベトナムについて少し勉強したことがあって、一番好きだった本が『サイゴンの白い服』と『不滅の火花として生きて』（原題：あなたのように生きる）でした。

＊2　文字通り母親のお腹にいる時から信仰を持っているという意味。韓国には幼児洗礼を受けたクリスチャンも多い。

＊3　名前のイニシャルから取った金大中の通称。金泳三《キムヨンサム》はYSと呼ばれていた。両者は共に独裁政権時代には反体制政治家のシンボル的な存在だったが、一九九二年の大統領選挙で金泳三は与党候補として出馬した。金大中がそれに対抗したが落選。民主陣営の落胆は激しかった。

特に『不滅の火花として生きて』は抗米戦士グエン・バン・チョイの一代記なんですが、その表紙の写真を今もはっきり覚えています。銃殺される時にも「目隠しをはずせ。自分の祖国の清らかな空を見たい」と言って、最後のスローガンを叫んで死んだという話が、とても強烈なイメージとして残っています。

ク・スジョンが初めてベトナムの土を踏んだのは一九九三年、満二十六歳の時だった。社会主義のベトナムで、政治的閉鎖性が強い歴史学科に外国人として入学したのは、ク・スジョンが初めてだった。ク・スジョンは大学院修士課程の入学試験で首席だったにもかかわらず、ベトナム政府当局からの入学許可が下りずに、八回にもわたりハノイの教育部を訪れて長官と面談しなければならなかった。当時、外国人留学生に対するベトナムの教育方針は明確ではなく、また関連学科の卒業でなければ大学院入学を認めないという規則もあった。幸いなことに二年八ヶ月後に、ク・スジョンは正式に入学を許可され、一九九六年にはベトナムの現代史と党史、通史の試験で三十人中首席となった。

ベトナム語もできなかったのに、三年で学科首席ですか?

——その当時、歴史学科はベトナムで一番人気のない学科だったんです。学生たちはみんな年を取った人ばかり。ホーチミン大学の総長をはじめ、要職に就いている教授はほとんど歴史学科出身なんですけど……。

ならば人気学科だという話ではないんですか？

——それが違うんです。歴史学科という学科の性格がそうだということです。教授をしていて役職に就こうとしたら歴史学の学位が必要であり、歴史学科の教授になろうとしたら基本的には党員でなくてはいけない。

なるほど、一種の国家観を獲得するためのキャリア形成過程みたいな……。

——そうです。だから本当の意味で歴史に興味のある学生はそれほど多くありませんでした。

なのに、どうしてそんなに一生懸命勉強したんですか？

——そうなんですよね（笑）。たぶん私はベトナム留学生の第一世代だと思うんですが、一九九〇年代の中盤から韓国の大企業のベトナム進出が始まり、ベトナム語ができる留学生はあちこちからスカウトの声がかかりました。私と一緒に大学院に通っていた留学生たちも、みんな大企業に移っていきました。でも私の場合は、そもそも勉強をしようと思って行ったわけですから（笑）。一度始めたらとことんやるタイプで、途中でやめるということはあまりないんです。

あまりにも残酷すぎて、信じられませんでした

いつから韓国軍の民間人虐殺についての研究を始められたんですか？

――よもや民間人虐殺の論文を書くことになるとは、自分でも思っていませんでした。当初からベトナム戦争における韓国軍の研究をしてみたいという気持ちはあったのですが、実際に勉強を始めてみたら、どのベトナム人教授も韓国軍については知らないんです。本当にどの教授も。

どうしてなんですか？

――ベトナム人の立場からすれば、韓国軍は米軍の一部だったからです。私は米国側でも韓国側でもない、ベトナムの人々が持っている資料に記録されている韓国軍に関心があったのです。ところが実際のところ、ホーチミン大学の歴史学科の教授の中にも、韓国軍について知っている人は全くいないのです。それどころか、彼らはベトナムにどんな資料があるのかも知りませんでした。韓国軍のベトナム戦参戦についての論文を書こうと、あらゆる方法で資料を探していたところ、一九九七年にハノイ外務部国家文書保管センターで苦労して文献を一つ手に入れました。タイトルは「南ベトナムにおける南朝鮮軍隊の罪悪」。出処が書かれた部分は破れており、何度もコ

ピーされたのか、判読も容易ではない四十ページほどの文献でした。

入手経路が不透明で、出処も不明な資料だと、学術的には価値がないのではありませんか？

――ですから、出処確認を何回もしたところ、一九八〇年代のはじめにベトナム政治局内に戦争犯罪調査委員会が設置され、その時に作られた資料だということぐらいまでは確認できました。いずれにしろ、ベトナムが国家レベルで韓国軍の民間人虐殺について調査した最初のものであり、統計まで出ていたのですが、当時はその資料を読みながらも、その内容が信じられませんでした。

内容が衝撃的すぎて半信半疑だったということですか？

――半信半疑ではなく……とても信じられるものではなかったのです。

文献の内容に疑問を抱きながら一年ほど寝かせておいたところ、一九九八年に日本のNGOが運営しているピースボートに乗ってベトナム戦の戦争遺跡を訪ねていた作家のカン・ジェスク、キム・ヒョナが、トゥイボ地域で韓国軍による民間人虐殺の話を聞いて大変なショックを受け、ク・スジョンのもとを訪ねてきた。その時、「実はこんな資料があるんです……」と、ク・スジョンは持っている資料を初めて彼女たちの前に差し出した。「とても信じられるものではないが、事実確認だけでもしてみよう」と心に決めた。カン・ジェスクとキム・ヒョナが一部の地域を訪ねてはいたものの、二人はベトナム語ができなかった。ク・スジョンがやらなければならなかった。一ヶ月の準備を終え、ワゴン車を一台借りて運転手と二人、たった一つの文献資料を片手に、そこに出てくる昔の地名を頼りに調査をスタートさせた。四十五日間、早朝四時から夜十一時まで一日に三つ以上の村を回る強行軍だった。観光地ではないところに外国人が現れてインタビューをしているからと、公安警察に引っ張られて留置所に入れられたことも何度かあった。

村の人々の反応はどうでした？

――虐殺から三十年ぶりに韓国人がやってきたと村に噂が広まって、私の行く先々に百人以上の人々が集まってきました。みんな一斉に「カイ、カイ！」と言いながら。「カイ」は「陳述する」という意味で、少し公式的なニュアンスがあります。

自分が陳述したいという意味ですか？

――私はただの学生であり、論文のためのインタビューだと言っても、彼らはとても公式的に受け止めていました。この調査で自分の名前が出なかったり、証言が抜け落ちたりすれば、後で何の賠償も受け取れないかもしれない、そんなふうに考えたのでしょう。でも私がすべての人の話を聞けるわけがないですよね。記録してくれる人もいないし、写真も撮らなければいけないし。しかも、そこは中部ベトナムで、ベトナム語は中部語、南部語、北部語とそれぞれ違うんです。その時初めて中部に行った私にとっては、もう別言語のようなものだったのですが、その内容がどうして聞き取れたのか、自分でもわかりません。人は言語でだけ話すのではないから……。目でも話すし、切羽詰まればジェスチャーを使ってでも話しますよね。

数十年の間埋もれていた、血なまぐさい話があふれ出てきた。民間人虐殺と強姦、嬰児《えいじ》殺害と放火、死体遺棄……。カインホア省から始まり、フーイエン省を経てクアンナム省まで、韓国軍の駐屯地に沿って北上しながら、数千人のむごたらしい虐殺談を聞き続けていくうちに、「もうこれ以上はどうしても無理だ」と叫びながらへたり込みたいほどになってしまった。

精神的にもたなくなってしまったんですね。

――時間がないので一人につき五分から十分ほど聞き取りをするのですが、その時間内で聞けるのはもうお決まりの話です。韓国軍は「兎狩り」をして村人を集め、機関銃を撃ちまくり、手榴弾を投げて皆殺しにした、そうやって私の家族は何人死んで……とそんな話を何千回も繰り返し聞いていたら、結局すべての人が同じ話を反復しているような感覚に陥りました。精神的にというだけではなく、物理的にも本当に耐えられないことでした。

ビンディン省の博物館で韓国軍に関連したアーカイブを発見したのは大きな収穫だった。苦労して採録しようとしていた内容がきちんと整理され、犠牲者の名簿と虐殺の動線まで記録された資料を見てからは、ちょっと「要領よくやること」を思いついた。それからは、村に入ったらノートを回してそれぞれの虐殺被害を書いてほしいと言った。読み書きのできない人が大半の村人たちが三々五々集まって、頭を突き合わせてゆっくり、ゆっくりと陳述書を書いた。

それで苦労が軽減されたのですか？

——それでも一人か二人は事例を聞かなければと思って「二人だけ話をしてください」と言ったら、また「カイ、カイ」となって、ある人が「うちの家族は六人死んだのです」と言ったら、あちこちから「うちは十三人」「十七人」……そんなふうに声が上がるのです。その時、私も何気なく「え、十七人？　では話してください」と言いました。

最大の被害者にまず関心がいったのですね。

——そうやって話を聞いていたら、一番前でずっと私と目を合わせようとするお婆さんがいたのです。私を無理矢理つかまえてでも話したそうだったので、わざと視線をそらしました。夜十時半ぐらいになって、「そろそろ市内に戻らなきゃいけないので」と挨拶をして急いで村を出ました。ワゴン車を止めてある道路までかなり歩くのですが、そのお婆さんがずっと後をついてくるんです。夜も遅いし、ここで引き止められて話を聞くなんて無理なのに……。私が走ればお婆さんも走る、私が止まってお婆さんのほうを振り返ると、お婆さんも止まって知らん顔をしている。それはもう大変気まずいわけですよ。でも私はそのまま行ってしまいたかった。ワゴン車に乗ってドアを思いっきり閉めて出発しようとしたら、その年老いたお婆さんが車の後ろを走ってくるのが見えたのです。

それで？

――仕方なく車を止めて、お婆さんに聞きました。「何なんですか？　いったい。どうして？」と。でも、また何も言わないのです。

困りますね……。

――「本当にもう行きますから。後ろも見ないで行きますからね」と大きな声で言って再び出発したら、また、よろよろとついてきて、車を止めて聞くとまた口を閉ざして……。そんなことを何回も繰り返しているうちに、ものすごく腹が立って車から飛び降りました。そして無意識にお婆さんの胸ぐらを摑んで、「私に言いたいことがあるなら早く言いなさいよ。とても遅くなったし、私も本当に疲れているんだから……」と言った時に、お婆さんが言った言葉が……。

何だったんですか？

——私は一人なんですが……。

一人？

——「私は一人だけ死んだのですが、話してもいいか」と。その一人というのはお婆さんのたった一人の子どもだったのです。その状況にまた腹が立って、お婆さんに向かって声を張り上げたのです。「あなたにとっては、その一人がすべてなのに、どうして話せないんです？　どうして？」

あ……。

——道端に座り込んで大声で泣きました。無意識に片方の靴を脱いでそれで地面を叩きながら大泣きして……どれほど泣いたかわかりません。しばらくして横を見たら、お婆さんも私と並んで片方の靴を脱いで地面を叩いて泣いていたんです。その時にお婆さんに言いました。「お婆さん、ごめんなさい。二度とあんなこと言いませんから」。そうしたらお婆さんが言ったのです。「嬢ちゃん、わかっているよ。遠くに帰るのだからもう行きなさい」って。そう言われて帰ってきたのですが、その時に思ったんです。私が修士号を取って、博士号を取って、教授をしていたら、こういう話はもっと聞けなくなる。勉強を中断しよう。これからは、こういう人たちの話を「聞いてあげる」仕事をしなければと。

ク・スジョンは以後、韓国の大学からの誘いも拒絶した。その時から今にいたるまで、ク・スジョンは虐殺被害者の心の奥底に堆積した苦しみの記憶を聞き続けることに自分のすべてを捧げている。聞くことはつらいことだ。三百八十人が虐殺されたゴダイという集落で、まだ名前もつけられないまま亡くなった五十人あまりの嬰児の話を聞きながら、両足がちぎれて膝で這いながら、全身に火傷を負って死にゆく幼い娘を捜したという母親の話を聞きながら、ク・スジョンはその人たちの涙を黙々と自分の中に溜め込んでいった。

その人たちの話が私の中に入ってくると、まるで悪いものに取り憑《つ》かれたように身体の具合が悪くなる。食べたら嘔吐し、発熱し、悪寒がして、頭が割れそうなほどのひどい頭痛に襲われ、身体の節々が痛くなる。（中略）話を吐き出す彼らもつらいし、その話を受け止める私もつらい。（ク・スジョンのフェイスブックより、二〇一四年五月十四日）

韓国の地顔を見ることができる国

話すことを通して、その人たちが得られるものは何でしょうか？

——一九九九年に初めて村に入る準備をしていた時、京東《キョンドン》市場[*4]に行きました。当時、高麗人参の卸売市場では人参茶百パックが二千ウォンぐらいだったと思います。ワゴン車を借りて出発する時に、人参茶をいっぱい積み込みました。インタビューするたびに、村の人たちに人参茶を配ったのですが、その後にまた村に行ってみると、私が持っていった人参茶が万病の薬になっていたのです。人参茶にベトナムの酒を混ぜて、頭が痛ければ頭に、腰が痛ければ腰に塗るんだと、そうすれば何でも治るんだと……。そこで、韓ベ平和公園[5]の竣工式の時にハンギョレのコ・ギョンテ記者に、本当によく効く高級人参茶を買ってきてくれと言いました。効果があるというのだから、もっと良いものを買ってあげたかったのです。竣工式が終わった後で再訪してみると、たくさんの人たちが、この人参茶は偽物だと、全く効かないと言うんです。こっちのほうがずっと上等なのに……。つまり、虐殺から約三十年目にして初めて韓国人に会って胸の内を話したら、頭が痛いのも少し楽になり、腰が痛いのもましになった気がしたと。人参茶が万病の薬だったわけではないんです。私に話をすることで自然と治癒されていく、その過程だったような気がするのです。だから、少なくとも私はできる限り一生懸命、あの人たちの話を聞かなければいけないと思いました。

この活動をしながら、身の危険を感じたことも一度や二度じゃないですよね？　一九九九年に『ハンギョレ21』が被害者のための募金運動と同時に始めたベトナム戦民間人虐殺の連載記事に怒った「大韓民国枯葉剤戦友会」[6]のメンバーがハンギョレの社屋に乱入したこともあったし、二

〇〇〇年の済州《チェジュ》人権学術会議にはあなたの発表を阻止しようと、一部のベトナム従軍兵士たちが押しかけたこともありました。

――ハンギョレへの乱入があった日、韓国にいる母親から電話がありました。「大変なことが起きた」と。彼らはうちの近所中に赤いペンキをかけて、家の前には塩酸のドラム缶を三つも置いていったと言うんです。私のために家族は長い間苦労しました。私もベトナムにいながら、その頃には六ヶ月ごとに住む場所を変えて。韓国人の居住地域には一歩も近づけませんでした。今は少し変わったようですが。

チ・マンウォン博士のような保守論客は「ク・スジョンがベトナム民間人虐殺論をでっち上げている」と猛批判しながら、「韓国軍タイハン[*7]はベトナム住民に親切であり、支援の温かい手を差し伸べたと記憶されている。ベトナム人も問題にしない、国益を損ねるようなテーマをなぜ提起するのか?」と問いかけました。

＊4　ソウルにある食材や韓国固有の漢方薬である韓方薬《ハンバン》の卸売市場。
＊5　二〇〇三年にフーイエン省に造成された慰霊のための公園。ハンギョレ新聞社が中心となり公園建設のための募金活動が行われた。
＊6　ベトナム戦争に従軍した退役軍人たちの団体。米軍が散布した枯葉剤の被害者団体でもある。
＊7　タイハンは大韓のベトナム語読み。ベトナム人は戦争中から韓国兵をこう呼んでいた。

——ベトナム人たちが黙っていたわけではないのです。小説『遥か遠いソンバ河』[*8]の背景になったフーイエン省では、一九七六年に二つの「憎悪碑」が建てられています。我々の朝鮮戦争直後を思い出してください。まさに食べることもままならない状況なのに、それにもかかわらず、長い戦争を終えて村に戻ってきて最初にやったことが、韓国軍に対する憎悪碑を建てることだったのです。韓国軍が村にやってきて、どんな虐殺をしたのか。絵と文字、図表を使って細かく記録し、ベトナム政府も建立のためにセメントを支給しました。ベトナム政府は過去を乗り越えて未来に向かおうと言いますが、そういった憎悪碑や慰霊碑の建立をやめさせたことはありません。実際に民間人虐殺の資料はアーカイブに残っているわけですし。公式的な記憶として保管してあるのです。

我々の恥部をほじくり返すことは国益に反するということについては、どう考えますか？

——絶対にそんなことはありません。たとえば韓国の「ナワウリ《私と私たち》」という市民団体がホーチミン大学の韓国語学科の若者たちの集まりである「グッドウィル」と共に過去十年間、ベトナムの虐殺地域を回って村を援助する活動をしてきました。そこで寝食を共にしながら、家を建てて橋を架けて道を作って……。そういう地域は韓国人が行くと村人たちが飛び出してきますよ。みんなが競うように自分の家に来てご飯を食べていけと。それに対して、何の活動もできていない地域は、未だに敵対的です。村の子どもに飴を持たせようとしても、韓国人があげたものは受け取らない。最近、ベトナムで反中国デモが行われて二十一人の死者が出ました。韓国企業も中国企業に間違われ、現地企業が大きな被害を被ったそうなのですが、現場では、長年にわたって積もり積もった（韓国に対する）感情が、これを機に爆発したという声もあります。人々の記憶と感情は抑えつければ抑えつけるほど、反発も大きくなります。

いったい私たちにとって、ベトナムはどんな意味を持つのでしょう？　なぜそんなにベトナムの問題にこだわるのですか？

――私は、韓国の地顔に出会うことができる国がベトナムだと思っています。私たちが抱いていたいくつかの幻想を打ち砕いてくれる。白衣の民族、平和を愛する民族、他国を侵略したことのない民族という歴史観を持った韓国人に、私たちの地顔を見せつけてくれるんじゃないでしょうか。私たちもひどく侵略的であり、非平和的な行動をすることがある。だから自らそれを警戒しなければ、残忍で非人道的な罪を犯してしまうかもしれない。それをベトナムが見せてくれたのです。

＊8　一九七七年に発表されたベトナム戦争をテーマにした作品。著者のパク・ヨンハンはベトナム従軍兵士であり、本人の戦地体験がベースになっている。一九九三年にはテレビドラマ化もされた。未邦訳。

ベトナム戦争参戦の対価として、韓国軍が血を流しながら稼ぎ出したお金があったから、経済開発計画を推進し、産業化を進めることができたと言われますよね。

――韓国がベトナム戦争を通して得た特需は十億ドルだというのですが、日本はたった一人の兵士も派遣することなく、韓国よりもさらに大きな利益を得ました。経済的理由が重要な動機だったとしても、あんなにたくさんの若者を戦場に行かせて、血に塗られたお金を稼いで成し遂げたことが、実際にそこまで価値があることだったのか。残された禍根はあまりにも大きく、その引き換えに得た国益というものに見合う価値があったのか。私はその点については、同意することができません。

韓国政府とベトナム政府の双方が、この件を公式的に明らかにすることに及び腰です。消耗しませんか？

――虐殺問題を追及するためにお墓を回って亡くなった人の話を聞いたり、生き残りはしたものの、まるで生きる屍《しかばね》のようになってしまった人々の話を聞くのは、簡単なことではありません。巫病《ムビョン》*9に罹ったみたいな経験も一度や二度ではありません。どんな形であろうとも吐き出さなければならず、その話を伝えてほしいと私におっしゃるのですが、十分の一も伝えきれていないと思います。伝えられなかった話を私は抱えきれないほど溜め込んでしまっている。答えは見つかりません。でも、絶対に忘れずに、機会があればそれらの話を取り出して、一つずつつなげていこうと思っています。

二〇一七年、ク・スジョンは長いベトナム生活を終えて帰国した。韓べ平和財団[*10]の常任理事として活動するかたわら、二〇一八年四月には「韓国軍による民間人虐殺真相究明のための市民平和法廷」に証人として出席して証言している。市民平和法廷（裁判官キム・ヨンラン、イ・ソクテ、ヤン・ヒョナ）は二日間にわたる模擬裁判の最後に、「被告である大韓民国は原告（虐殺被害者）らに国家賠償法の基準に基づく賠償金を支給し、原告らの尊厳と名誉が回復されるべく、責任を公式に認めること」という判決を下した。市民平和法廷の意味について韓べ平和財団は次のように説明している。

市民平和法廷は韓国社会の名誉を考える運動です。自らが犯した過ちをはっきりと認め、心からの謝罪をし、すべての責任を果たすことこそが、成熟した共同体のあるべき姿といえま

＊9　韓国文化の中にはシャーマニズム的な要素が色濃く反映されている。死者の霊に取り憑かれて身体を悪くすることを巫病という。

＊10　二〇一六年に発足したNGO。ベトナム戦争当時の韓国軍による民間人虐殺に対する反省と真相究明、謝罪を通じて大韓民国とベトナムの間の平和と友好を築くことを目的としている。

す。日本政府に対して日本軍「慰安婦」問題の法的責任を認めろと訴える韓国社会としては、ベトナムに対する責任も当然ながら果たさなければなりません。韓国社会がこの責任を果たしてこそ、ベトナム戦従軍兵士の方々が経験した壮絶な苦しみに対して当然なされるべき補償と礼遇も、さらに重みのあるものになるはずです。（同、二〇一七年十一月二十一日）

なぜ韓国軍はベトナム戦争に参戦したのか？

第二次世界大戦末期、ベトナムを含む「仏領インドシナ」は日本軍の占領下にあった。その時から独立運動を組織していたホーチミンは、日本の敗戦と同時にベトナムの独立を宣言した。旧宗主国であるフランスはこれを認めず、再植民地化をめざして軍隊を派遣したが、一九五四年にディエンビエンフーで大敗してしまう。休戦協定により北緯十七度線を境に南北が分断され、北はホーチミン率いる社会主義のベトナム民主共和国（北ベトナム）、南は自由主義陣営のベトナム共和国（南ベトナム）となった。

これは前年の一九五三年に三十八度線を境に休戦した朝鮮半島と同じ構図だった。アジアにおける共産主義の拡大を恐れるアメリカは、南ベトナムに強力なテコ入れを開始した。一九六四年から一九七三年までの間にアメリカが派遣した兵力はのべ八百七十万人超という、文字通りの泥沼化した長期戦となった。

アメリカは「共産主義と戦う自由ベトナムの支援」を他国にも呼びかけた。それにもっとも積極的な反応を示したのが朴正熙《パクチョンヒ》政権下の韓国だった。猛虎、白馬、青龍という勇ましい名前を持つ韓国軍の精鋭部隊が次々に派遣され、その数はのべ約三十二万人。米軍以外の外国軍としては破格の規模だった。

派兵の目的は「朝鮮戦争で共に戦ってくれた米国への恩返し」とか、「共産主義という共通の敵をやっつける」などの大義と共に、経済的な意味も大きかった。それは兵士たちに支払われる外貨建ての給料であり、またベトナムでの利権を得て国内産業を発展させることだった。モデルとなったのは、朝鮮戦争で経済復興を果たした日本である。実際に今の韓国で「財閥」とよばれる企業グループの多くが、この時期を経て飛躍的に発展した。企業だけではなく国民もまた、「ベトナム行きのバスに乗り遅れるな」という合言葉のもとに浮足立った。すでに世界ではベトナム反戦運動が広がっていたが、軍事独裁政権下の韓国ではあらゆる表現の自由が抑圧されていた。

それだけに一九九九年のハンギョレ新聞の報道の衝撃は大きかった。初めて明らかにされた韓国軍の蛮行をどうやって償えばいいのか。謝罪と慰霊の運動は現在に至り、二〇二〇年四月には、韓国政府を相手に「ベトナム戦民間人虐殺」に関する国家賠償訴訟も提起された。二〇二三年二月、韓国軍が七十人余りの民間人を虐殺した事件で家族を失い、自らも重傷を負ったベトナム人のグエン・ティ・タン（当時八歳）に対し、ソウル中央地裁は「被告大韓民国は原告に三千万ウォンとこれに対する遅延損害金を支給せよ」との判決を下した。

私はレズビアンの母親、フォミです

イ・ウンジェ

二〇一六年六月、ソウル市庁前広場のクィア（Queer・性的マイノリティー）フェスティバルで「性的マイノリティー父母の集い」によるフリーハグが行われた。その動画はSNSでシェアされて世界に広がり、国内外の再生回数が五百万回を超えてオンライン上で大きな話題となった。「大丈夫よ！　いらっしゃい」。なかなか近づけずに、ためらっている若者たちに、母親ぐらいの年齢の女性が三、四人で微笑みながら手招きする。たった一回のハグに、若者たちは手のひらで顔を覆い、肩を震わせて泣きじゃくる。母親たちも一緒に泣く。頬を撫《な》でて涙を拭いてやり、両方の親指をぐっと立てて言う、「最高だよ。頑張って！」。一分二十五秒の短い動画に、たくさんの人々が共感の涙を流した。

この動画に登場する母親に会ってみたいと思った。彼女はインタビューに応じるのを嫌がるかもしれない。紙面に顔と実名を晒すことは、母親にとってもカミングアウトと同じぐらい勇気のいることだ。伝え聞いたこの母親のメールアドレスに、インタビューの趣旨を説明し、注意深く同意を求めるメールを送った。子どもが性的マイノリティーであるという事実を知った時、母親としてはどんな気持ちになったのか、性的マイノリティーの我が子をありのままに受け入れられるようになるまで、どんな悩みや葛藤があったのか、韓国社会の性的マイノリティーはどんな生き方をしているのか、一人の平凡な母親として子どもたちを見守りながら、この社会に訴えたいことを聞かせてほしいと書いた。メールを送って一時間もせずに返信が来た。「母親の視線、母親の声……それだけでいいなら、いつでもお話しできます」

「フォミ」という通称で活動する母親、イ・ウンジェさんだった。長女がレズビアンだと言う。イさんに会うために、ソウルの麻浦《マポ》にある「性的マイノリティー父母の集い」を訪ねた。性的マイノリティー父母の集い（以下「父母の集い」）は、行動する性的マイノリティー人権連帯（以下「人権連帯」）の会議室を間借りしていた。ビルの玄関にも、オフィスの入口にも、看板は出ていなかった。ビルのオーナーが嫌がるかもしれないと、看板なしでオフィスを使用してきたという。ドアを開けて入ってみると、すっきりと整えられた書架に、性的マイノリティーの実態と制度、人権問題についての資料がきちんと整理されていた。

まるでファンシーグッズのように、各種パンフレットやカラフルなステッカー、バッジ、虹色のたてがみのある小さなマスコット人形なども飾ってあった。父母の集いや人権連帯が外部行事に参加する際に持っていく、宣伝用のグッズ類ということだった。

お名前は、何とお呼びすればいいですか？

――ここではお互いに通称で呼び合っています。フォミはもともとフォーミー（for me）という意味です（笑）

父母の集いのフリーハグを見て泣きそうになりました。あんなふうに背中をさすって抱いてくれる人が、今まではいなかったんでしょうね。

——最初は私も「こんな暑い日に来てくれるだろうか？」と心配になり、ずっと声を張り上げていました。「こっちにいらっしゃい、お母さんの気持ちになって、抱きしめてあげるから」。そう言ったところで、あの子たちが気軽に来られるわけじゃありません。だいたいが内気で自己表現が苦手なんでしょう、一歩二歩近づくだけでも勇気がいりますよね。行こうかやめようか迷っている子たちと目が合ったら、大丈夫だからと、来なさいと手招きしてあげました。すると、もじもじしながら私のほうに近づいて来る時から、もう泣きそうな顔になっていて、ハグした瞬間には大泣き。ただ一回優しく抱きしめてあげるだけで、それが力になることがわかりました。当初は三十分の予定だったんですが、次のイベントの時間ギリギリまで一時間半以上、汗びっしょりになりながら、泣いて、抱きしめて、そんな感じでした。

その日のイベントを記録した動画が国内外で大きな反響を呼びました。英語字幕が入った海外向けの動画は、再生回数が四百七十五万回にもなりましたよね。そこまで話題になると、思っていましたか？

——フェイスブックに外国の人たちからの友だち申請が一気に増えました。「ミャンマーに住んでいる二十二歳のレズビアンです。元気をもらっています」とか。そんなメッセージも送られてきます。それで、娘に聞いてみたんです。「一回ハグしただけなのに、どうしてこんなにたくさんの人たちがシェアして、コメントを書き込んでくれるのか」と。娘はこう言いました。「お母さんはたぶん知らないと思うけど、今までクィアパレードに関連した記事は、ほとんどが否定的なものばかりだったから」。過激な衣装に過激な言葉、あとはキリスト教徒との論争など、肯定的に報道されたことなど一度もなかったのに、このフリーハグの動画は初めてクィアパレードが自然なものとして捉えられ、その熱気が肯定的に伝えられたものだったと……。でも私は、これが初めての肯定的な報道だったと聞いたことで、逆に虚しい気持ちになりました。再生回数が百万、二百万を超えたと言われてもね。ハグするだけで話題になるなんて、つまり世の中ってやつは、この子たちを抱きしめてあげることもできなかったのだと。

性的マイノリティーの親だということを明らかにして街頭に出ていくのも、簡単なことではないですよね。父母の集いはどうやって結成されたのですか？

――二〇一四年に人権連帯（当時は同性愛者人権連帯）のオフィスに、ゲイの息子を持った母親が電話をかけてきて、他の性的マイノリティーの親たちに会ってみたいと言ったのです。六人がつながってスタートして、二年後には二十三人になりました。二〇一六年に初めてホームページを作って動画をアップするにあたり、そこで親の顔も公開することになったのですが、撮るかやめるか、仮面をかぶるかどうか、六ヶ月ぐらい侃侃諤々《かんかんがくがく》の議論をしました。

重い決断というのは理解できます。

——親も親なんですが、いざ母親が決意しても、子どもたちに止められることも多かったのです。「お母さんたちが考えるほど単純な話ではないから。他の家族の意見も聞いてみてほしい」と。やる気になっている母親よりも、むしろ性的マイノリティーである子どもたちのほうが家族の心配をしていました。結局、ホームページの動画に親たちの顔を出したのですが、それがハフィントンポストの記事にもなりました。そうなってしまえば、今回のフリーハグイベントで顔を出すとなんて、もうどうってことないわけです（笑）。私がいちいち出かけていってカミングアウトするよりも、これをきっかけに周囲に知られてしまったほうがいいと思いました。でも私の姉や兄はニュースを見ないでドラマばかり見ているせいか、いまだに何も言ってきません（笑）

この何年かの間に、韓国社会でも性的マイノリティーの人権に対する関心が高まりました。ソウルで開かれた今回のクィアパレードでは性的マイノリティーの当事者だけでなく、家族連れで参加した一般市民も多かったということです。ところが、その一方では逆に性的マイノリティーに対するヘイト勢力もパワーアップしています。二〇一六年四月の第二十代総選挙では同性愛反対を掲げたキリスト自由党が二・六%を得票し、比例代表の議席を確保する寸前までいきました。

——若い子たちを見ていると、性的マイノリティーに対する認識は改善していると感じます。彼らはアメリカのドラマが好きでよく見ているのですが、そこに登場する性的マイノリティーは特別に悪いイメージで描かれるのではなく、「身近で暮らす人物」として登場することが多いんですよね。ところが最近、保守的なキリスト教勢力が大規模な「治癒センター」を建設し「転換治療」が可能だと、性的マイノリティーに対するヘイトをばらまいているのです。

転換治療というのは何ですか？

——性的マイノリティーは治療すれば、一般人のようになれるというのです。

カウンセリングや薬物療法は、実際に「治療」効果があるのですか？

——それで変えられるものなら、みんな変えようとしたでしょう。あんなにひどい差別と偏見にまみれて、後ろ指をさされているのですから、変えられるものなら変えるでしょう。ゲイの子たちの間での流行語なんですが、「一般っぽ」という言葉があります。「一般人ぽい」「一般人みたい」という意味です。何かの集まりなどで一般っぽと言われる子がいたら、その子はものすごくカッコいいということなんです。

一般人みたいな子が人気があるということですか？

——そうです。自分たちだって変えたいのに、できないんです。「ゲイる」という言葉もあります。手振り、身振り、足さばき、それらが「ゲイっぽい」ということでしょう。そんなの誰かが教えたわけじゃないんです。カウンセリングや治療で変えられるものなら、ずっと同性愛者でいようなんて思わないんじゃないですか。医学的に同性愛が疾病ではないことが明らかになり、米国では一九七三年に精神疾患の分類目録から削除されたそうです。世界保健機関（WHO）でも一九九〇年に同性愛を疾病部門からはずしました。「治療」してどうにかなるものではないんです。性的指向や性的アイデンティティを無理に変えようとする試みに何一つ実質的な効果がないことは、すでに国際的に証明されているんです。

性的指向や性的アイデンティティは生まれつきのものだということですか？

——二〇一一年に米国で調査した結果を見ると、百人中三・五人が性的マイノリティーだそうです。一クラス三十人として、その中に一人はいる。知らないだけで、周囲にはたくさんいるんです。研究結果によれば、性的マイノリティーが自分の性的アイデンティティに初めて気づくのは四歳ぐらいで、性的指向を初めて自覚するのは平均的には十三歳だといいます。

自覚する時期は思ったより早いんですね。

——はい。ただそこから、子どもたちがそんな自分のあり方を、自分で認めるまでには長い時間がかかります。隠せる時までは隠すのです。本人たちにとっても大変な混乱じゃないですか？　これが本当なのか。自分は呪われているんじゃないか。自分は生きていてもいい存在なのか。そのうち勇気を出して、親にカミングアウトするのですが、自分を産んでくれた親にさえ受け入れてもらえずに、深く絶望して挫折する。韓国の青少年の性的マイノリティーの七七・四％が「自殺を考えたことがある」と言い、実際に「自殺しようとした」と答えた人も四七・四％です。

「お母さん、私は女性が好きなの」

イ・ウンジェの口からは性的マイノリティーについての研究結果や統計データがどんどん出てきた。もちろん最初から性的マイノリティーについての専門的知識があったわけではない。彼女も最初は困惑するばかりだった。家系に性的マイノリティーがいるわけでもなく、夫婦関係に何か問題があったわけでもない。なのに、どうしてこんなことになってしまったのか。イ・ウンジェの父親は頑固で厳しい小学校の教師であり、彼女もソウルで教育学の勉強をした。サムルノリ[*1]の

＊1　一九七八年に結成された演奏グループ「サムルノリ」に由来する。サムル（四物）とは、チャング、チン、ケンガリ、プッの四つの韓国伝統打楽器であり、現在はそれらを使用した音楽の総称となっている。

サークルで出会った夫と「運命的な恋に落ちて」結婚、子どもを産んでから相談心理学の修士課程を終えた。真面目で慎重な夫は現役の教師である。二人の娘を産んで、平凡な主婦として暮らしていた彼女の人生が急転換したのは、長女が高校に入学した年だった。

どうして娘さんが性的マイノリティーだということがわかったのですか？

――うちの子が十七歳の時、ベッドに突っ伏して大泣きしていたんです。机の上に手紙があったので、ちらっと見たらラブレターでした。「高校生はやるべきことが多いのに、恋愛なんかにうつつを抜かしてどうするの」と叱ったら、娘が「それは私が○○（女友だち）に送る手紙なの！」と言うんです。それから何日かして、その子のお母さんから電話がありました。お宅の娘がうちの娘のことを好きだと学校で噂になっているから、一刻も早く転校させろと。娘にどうなっているのか聞いたら、こう言ったんです。「お母さん、私は女性が好きなの」

その年頃の女の子同士って、そんな微妙な感情もあるじゃないですか？　お互いを恋愛対象のように好きになったり、誰かが割り込んできたら嫉妬したり。

――だから私も「大人になってから、また話をしよう」と言ったんです。そうやって高校を卒業するまで見守っていました。話を聞いてから二週間後、夫に「ちょっと、あなた、うちの娘は女性が好きなんだって」とわざと軽く話しました。夫も「そのうち我に返るよ」という感じで、特別な話はしませんでした。どちらも言葉に出さずに、静かに娘を観察していたんだと思います。

平気なふりをしていても、両親共に悩んだと思います。

──あの言葉は忘れられませんよ。「お母さん、私は女性が好きなの」という言葉が（腕を撫でながら）皮膚にピタッと貼り付いてしまって剝がれないみたいな。ご飯を食べる時、鏡を見た時、寝ようと横になった時も、その声がずっとついて回る。後になって、「そうなんだ。大丈夫。あなたは十分に美しい存在で、生きる価値がある」ということを認めて、その声が私の体にしっかりとなじんだ時になって、やっと皮膚に貼り付いていたあの声が消えてなくなった気がします。

「私の娘は変わることはないんだ」ということを受け入れたのはいつ頃ですか？

──常に想像していました。大学に行けば「お母さん、私が錯覚していたみたい。すごく素敵な男の子に会ったの」という話をしてくれるんじゃないかって。実際に大学で娘はボーイフレンドとつきあったこともあるんです。だから「彼氏もいたよね？」と聞きました。そうしたら娘は「うん、つきあってみた。私も本当の自分がどうなっているのかテストしてみたくて。でもお母さん、胸がときめかないの」って言うんです。だから彼氏に対して逆に申し訳ない気持ちになって別れるしかなかったと。だったら本当にもう仕方がないんだなと思いました。

それからは、心の底から娘さんのことを認めて、受け入れたんですか？

――そういうわけでもないんですよ。十七歳の時に初めて話を聞いて、きちんと受け止めるまでには六年かかりました。私もいわゆるお利口さんで、体裁を気にする母親だったんです。娘がレズビアンだとわかっても、「あなたが同性愛者で、それが変えられないのなら、お母さんはこれ以上何も言わない。でも一緒にはやれないから」と言ったんです。

それはどういう意味ですか？「勝手にすればいい。私も知らないふりするから」ということですか？

――そうです。後から聞いたのですが、娘はそれを聞いた瞬間、「母親を失った」と思って「死にたかった」そうです。妹がいるのですが、妹も結婚すれば一年に一回会うか会わないかだろうし、異性愛者の友人たちだって結婚すればそれまでなのだから、会ったところで自分の胸の内をすべて打ち明けて、慰めてもらうことなんてできないだろうと。母親も父親も失って、そうなったらこの世の中に一人置き去りにされるわけで、そんな世の中に生きる意味があるだろうか。だから死にたいと。

そのお母さんの気持ちが六年で変わった、そのきっかけは何ですか？

――一年前、私が会社を解雇されたのです。私としては正当な、正しいことをしたつもりだったのに、誰も私の話を聞き入れてくれずに、私を追い出しました。そうやって解雇されて家に帰る道すがら地下鉄に乗ったのですが、ふいに「地下鉄の中のすべての人が私とは別世界にいて、私だけが一人ぼっちの世界に打ち捨てられている」という気持ちに襲われたのです。その瞬間、「なるほど、この隔絶した感覚が、うちの娘がずっと私に言っていたものなんだ」とわかったのです。娘はずっとこんな気持ちで暮らしてきたんだと……。

一緒にいても異邦人として扱われる感覚？

――私は娘にこう言ったことがあるんです。「あなたの性生活を気にする人などいるかしら？（あなたが同性と）恋愛していることがバレなければいいんじゃないの？」と。どれだけそれが娘を傷つける暴言だったか、あらためて気づきました。誰かを愛することは人が生きるうえでの原動力となり、社会における自分の価値と尊厳を高めることにつながるのに、私はそれを分離しろと言ったのです。愛していることを隠して生きろと。全力で「世間との孤独な闘い」をしている我が子に向かって、母親たる私が酷《ひど》いことを言ったのです。その日、娘に心の底から謝罪しました。「あなたがどれだけつらい闘いをしているのかも知らずに、私が悪かった。今日、自分が経験してみて、やっとあなたの気持ちが理解できた」と。そうしたら、目をぱちくりさせながら聞いていた娘が、涙をボロボロ流して。二人で手を取り合って大泣きしました。

幸せにならなきゃ！ 粘り強く

レズビアンの娘さんの寂しさを理解するのと、「レズビアンの母親」として世に向けて声を上げるのは別の問題だと思います。自身が性的マイノリティーの親であることを明かすまで、何が最大のネックとなりましたか？

——（虚空を見つめるように、しばらく考えて）世間体？ うーん、世間体だったと思います。職場で不利益を被るかもしれないから言えない、というのもあるとは思うんですが、実際には家族や親戚、友だちにも本当のことはなかなか言えない。結局は世間体を気にしていたからだと思いますね。

それをフォミさんはどうやって克服したんですか？

——ここで父母の集いに出席すると、毎回、車座になって自己紹介から始めます。「私はレズビアンの娘の母親、フォミです」というふうに、「レズビアンの娘の母親」という自己紹介をずっと続けるのです。私自身の口から発言し、その声を私自身の耳で繰り返し聞くわけです。最初はレズビアンという単語を口に出すのも大変でした。馴染《なじ》みのない、望んでもいない名称ですから。ところが何度もやっているうちに、自然になってきます。「私にはレズビアンの娘がいる。だから何？」という気持ちになるんです。私はレズビアンの母、誰々はトランスジェンダーの母。ここに来る子たちも「私は女性の同性愛者です」「男性の同性愛者です」と言います。私が何か特別な人権運動家だから気にしないということではありません。子どもを育てる親の立場になればわかるものです。

同性愛者の親だと言ったら、いまだに不快な顔をする人もいるんじゃないですか？

――「同性を好きになる人」と言えば、「ふーん、そうなの？　そういう人もいるでしょうね」と受け止められるのに、「同性愛者」という単語になると「性愛者」のほうが強調されてしまう。「小児性愛者」という時と同じように、性行為がまず思い浮かぶんです。

変態だと？

――はい。異性を好きになる人を、わざわざ「異性愛者」とは言いません。同性愛者という単語からは「不潔、変態、不健全、不健康な存在、ウィルスみたいな存在」、そんなイメージが形成されています。これがヘイトの始まりです。でも、私たちが問いかけたいのは、もっと重要なことです。「この社会に生きる上で、誰と一緒に暮らしたいか」。私なら、自分を理解してくれて、慰めてくれて、対話をしながら、一緒に笑いながらご飯を食べて、手をつないで、抱きしめて、一緒に眠ること、それができる人と一緒に暮らしたいわけです。その対象が同性であるからといって、非難できるでしょうか。心から愛せる人にめぐり逢い、真剣に悩む彼らに向かって変態という烙印を押す人々は、果たして本当に愛せる人に出会えているのでしょうか？

子どもに何かあれば、自分のせいではないかと自責の念にかられるのが親というものですよね。それがあるから親としては、子どもが性的マイノリティーであることを認めるのが、よけいに難しいのかもしれません。

——親のせいではありません。これが遺伝子や環境のせいなら、同じ環境で生まれ育ったきょうだいがまるで違うということの説明がつきません。私には娘が二人いますが、実際には娘が一人、息子が一人いるような感じです。小さい頃から、あまりにも違っていましたから。上の子はブロック遊びやバスケットボールが好きで、ゲームをしたりスケートをしたり、タイヤのついたものが好きでした。下の子はお化粧セットやピンク色、スカートが好き。だから姉のお下がりを着ることはありませんでした。

下のお子さんはお姉さんがレズビアンであることを知っていますか？

——上の子が高一の時に話しました。「姉さんは女性が好きなんだって」と。そうしたら中一の妹は、「わお、いいじゃん」とだけ（笑）。今、次女は大学生ですが、彼氏とつきあう時にこう言ったそうです。「うちのお姉ちゃんは同性愛者なんだけど、大丈夫?」って。別にかまわないと言われて、つきあうことにしたそうです。

今、上の娘さんは交際している相手がいますか? お会いになりましたか?

――昨年の十一月、釜山《プサン》で父母の集いがありました。招待されて娘と一緒に行ったのですが、交際相手とはそこで出会いました。不思議なことに、お互いに一目惚れだったそうです。ソウルと釜山で、離れたまま遠距離恋愛をしているんですが、大学四年生なので就職の問題でソウルに来たり、うちの娘に会うためにソウルに来たり。その時はうちに泊まります。ゆっくりしていけと言って、朝ごはんを食べさせます。娘がもう一人いるみたいな感じで、全く違和感はありません。

性的マイノリティーの父母の集いとして、必ず成し遂げたいことは何でしょう?

――同性婚の合法化です。私や夫は先に死ぬことになるでしょうから、娘が誰かと出会って家庭を築き、お互いを気遣いながら年を取るのを見ないと、安心してあの世に行けません。

好きな人と一緒に暮らすだけでは安心できませんか? 結婚が重要な理由は何ですか?

――数十年一緒に暮らしても、救急車で運ばれて緊急手術を受ける時に、同性のパートナーはサインすることができません。どちらか片方が先に死んでも年金も保険も相続できず、実際に一緒に暮らしている人よりも、遠くにいる親戚に優先権がいってしまいます。私たちはなぜ生きるのかと聞かれれば、子どものため、家族のためだと言いますよね。合法的な家族を持つというのは、「生涯を生き抜く理由」を作ることです。

最後に、今も悩み続けている性的マイノリティーに、母親としてのアドバイスをするとしたら？

――（下を向いて、しばらく考えてから）幸せにならなきゃ！　粘り強く。

彼女の目が涙で潤んでいた。その日、彼女に渡された「性的マイノリティーの子どもを持つ父母のためのガイドブック」には、こんな一文があった。「子どもが幸せに暮らせると信じること」。信じることが現実になるために、彼女は社会の差別と偏見に立ち向かい、闘うと言う。彼女は「レズビアンの娘の母親」、フォミだ。

翻訳者より

韓国の性的マイノリティー（LGBTQ）問題

韓国で性的マイノリティーの存在が広く知られるようになったのは、二〇〇〇年代に入ってからだ。ホン・ソクチョンやハリスなど芸能人のカミングアウトの影響も大きかったが、その頃からクィアパレードの開催など、当事者たちの行動も注目を集めるようになっていった。

インタビューにもあるように、若い世代は多様性を受け入れることに柔軟だったが、大人は大変だった。それまでの伝統儒教社会では男女の区別はとても重要だったし、結婚の目的も男系血族の子孫を残すことにあった。その目的から外れた関係は長らく社会から受け入れられず、LGBTQの当事者は息を潜めて暮らすしかなかった。

LGBTQとは、Lesbian（レズビアン、女性同性愛者）、Gay（ゲイ、男性同性愛者）、Bisexual（バイセクシュアル、両性愛者）、Transgender（トランスジェンダー、性自認が出生時の身体的性別とは異なる人）に、Qが加わる。これはQueer（クィア、性的マイノリティーの総称）であり、またQuestioning（クエスチョニング、自らの性自認が定まらない人や、あえて決めない人など）という意味もある。そもそも個人のセクシャリティとは、明確に分類できるものではない。

インタビューでは「父母の集い」の活動目標として、「同性婚の合法化」が挙げられていた。東アジアでは二〇一九年に台湾で同性婚が合法化されたが、韓国は日本と同じく、そこには至っていない。日本にはある、自治体によるパートナーシップ制度のようなものもなく、法制度的な整備はかなり遅れている。背景には世論の厳しい目があり、二〇二三年五月に行われた「同性婚の法制化についての世論調査」でも、「賛成四〇％」に対し「反対五一％」となっている。これは各種調査で「賛成」が「反対」を大きく上回る日本よりも、厳しい状況となっている。

韓国で今、特にこの問題に敏感なのは、保守系の教会勢力である。韓国は人口の約三〇％をクリスチャンが占める国である。その中には革新系の人々もいるのだが、近年は保守系プロテスタント教会の反ＬＧＢＴＱ活動が盛んとなっており、彼らの露骨なヘイト行動が性的マイノリティーやその家族を苦しめている。

原始的感覚の力

ソン・アラム

昨夜はいっぱい詰まっていたのに、今日は空っぽになったタバコの箱を見つめる／あり金をかき集めてみたけど千ウォンにもならず／恥ずかしいのも一瞬、空いた焼酎瓶七本で／おちょこを一杯にして苦笑いする／鍋敷きの代わりにしているゲーデルは読めずに三年目、そこにラーメンをこぼした／夢見る少年からさまよう悲劇の主人公に転落した自分／ゲーデルの本を撫《な》でながら惜しむらくは／失われた夢？　いや、こぼしてしまったラーメン……。（真実が抹消されたページ『大学生はバカだ』より）

ソン・アラムはラッパーだった。一九九八年に高校の同窓生らとヒップホップグループ「真実が抹消されたページ」を結成し、『大学生はバカだ』『お母さん』『燃え尽きたタバコを消す』などの論理的かつ社会に批判的な曲を発表して、一部に熱狂的なファンをもつミュージシャンだった。超高速ラップの「ソン伝道師」という名で知られた彼は、十年後に自らのバンド経験をもとにした『真実が抹消されたページ』（トゥルニョク、二〇〇八、未邦訳）を発表して小説家デビュー。龍山《ヨンサン》事件*1をモチーフにした『少数意見』（トゥルニョク、二〇一〇、未邦訳）に続き、一九九〇年代の学生運動世代の夢と挫折を描いた『Dマイナス』（子音と母音、二〇一四、未邦訳）を刊行した。

　ソン・アラムの小説には、冷たくて甘いアイスクリームと熱くて苦いエスプレッソが混ざった、アフォガードのような二つの味がある。若者の潑剌《はつらつ》さと叙事的な重みが、縦糸と横糸として交差する。龍山事件をモチーフにした法廷ドラマや熾烈だった九〇年代の学生運動の話の中にも、ところどころに「フッ」と笑いがこぼれるようなユーモアとウィットがある。死と暴力、取り調べや裏切りについて語りながらも、彼の作品には暖かく和やかな温もりが漂う。李文求《イムング》*2の巧みさや尹興吉《ユンフンギル》*3のペーソス、孔枝泳《コンジヨン》*4の後日談文学*5の寂寥感《せきりょうかん》などもちらりとかすめていく。

　ソン・アラムは一九八〇年生まれだ。私たち五十代は一九八〇年の五・一八光州《クァンジュ》民主化運動を一里塚として成人式を迎えたが、彼らは一九九七年の金大中《キムデジュン》大統領当選を起点に成人になった世代だ。彼の最新作である『Dマイナス』は、一九九七年から二〇〇七年までの間に学生運動に

*1　二〇〇九年にソウル市龍山区で立ち退きに反対する住民と警察が衝突し、住民五人と警察官一人が死亡した事件。

*2　一九四一～二〇〇三。小説家。一九七〇年代に発表した八編の連作小説『冠村随筆《クァンチョンスピル》』（安宇植《アンウシク》訳、川村湊校閲、インパクト出版会、二〇一六）は、著者の故郷である忠清南道保寧市《チュンチョンナムドボリョンシ》冠村が、高度経済成長によって急変していく様子が描かれている。

*3　一九四二～。『長雨』（姜舜《カンスン》訳、東京新聞出版局、一九七九）などで知られる一九七〇年代、八〇年代を代表する作家の一人。

*4　一九六三～。労働運動と収監の経験をもとにした短編小説「日の昇る夜明け」でデビュー。邦訳に『サイの角のようにひとりで行け』（石坂浩一訳、新幹社、一九九八）などがある。

*5　一九八〇年代の学生運動・労働運動を振り返って書かれた小説群。

参加した若者たちの理想と挫折が描かれている。当時の若者たちは就職難に直面した「ＩＭＦ世代[*6]」、恋愛・結婚・育児を諦めた「三抛《さんぽう》世代[*7]」と呼ばれるが、彼らが人生の目標を決めた二十代の青春時代にはどんなことがあり、何を夢見て、どんなことに傷ついたのか、具体的なことはわからない。溌剌としていながら軽いわけではなく、重厚でありながら退屈なことは嫌いだという三十代のソン・アラムを通して、彼らの世代の話を聞いてみたい。ソウル市望遠洞《マンウォンドン》のカフェで彼に会った。

『少数意見』[*8]は映画にもなりましたよね。正直言うと、私も映画を見てから原作を買った読者の一人です。残念なことにユン・ゲサンの写真入り版は手に入りませんでしたが（笑）

——ははは、そうですか。

あの映画にカメオ出演されたとも聞いたのですが、どの場面に出られたのかわかりませんでした。

——法務部[*9]の若手職員の役です。百ウォン訴訟を起こそうとやってきたユ・ヘジンさんを見て、「弁護士さん、キャリアを無駄にしないほうがいいですよ！」と言い、ユ・ヘジンさんに「キャリアといえばＴＯＥＩＣの点数ぐらいしかないような法務部の若造」と言われる、あの若造です。

演技がとても自然だったからでしょうか？　記憶に残るほど印象的というわけでもなかったですね（笑）

――一カットだけですからね（笑）。映画の脚本も私が書いたのですが、もとの台本にはなかったシーンです。監督からのプレゼントです。

原作者が映画の脚色をするというのは、あまりないですよね。

――本当のことを言えば、私もあまり関わりたくなかったのです。脚本作業には最低でも数ヶ月かかりますし、長ければ一年近くも一つの作品に縛られてしまいます。（他の新しい作品に取りかからなきゃいけないのに）逃げられなくなったら困るなと思って、やりたくなかったんです。それに映画というのはたくさんの人が関わる作業ですから、お涙頂戴《ちょうだい》的になったり、私が望まないトーンになる怖さもあると思いました。でもキム・ソンジェ監督は、この作品は専門分野（法曹界）の話が多いので、他の作家に脚色を頼むと間違えることもあるだろう。それは効率が悪いからぜひ

＊6　一九九七年末からのアジア通貨危機で韓国はＩＭＦ（国際通貨基金）の緊急支援を受ける。経済危機の中で若者たちは大変な就職難を経験した。
＊7　韓国語の発音はサムポセデ。「抛」はほうり投げる、投げ捨てるなどの意味。
＊8　ユン・ゲサン主演（二〇一五）。邦題は『国選弁護人　ユン・ジンウォン』。
＊9　日本の法務省にあたる。

とも私にやってほしいと言うのです。ひと月以上も説得されて、やることになったのですが、幸い監督も映画会社も原作に忠実であることを重要だと考えてくれたので、私としてはありがたいことでした。

『少数意見』は龍山事件をモチーフに、再開発エリアの撤去民[*10]と警察の衝突によって発生した死をめぐる法廷闘争を描いたものだ。小説に登場するエピソードの大部分は、実際の判例と実話をベースに書かれている。国を相手にした百ウォン訴訟は、ジュル僧侶が朝鮮日報の報道内容の訂正を求めて提起した十ウォン訴訟[*11]からインスピレーションを得たものであり、国民参与裁判[*12]を回避するために証人を六十名も申請する検察の手口は、実際に龍山事件の裁判であったことだ。取材には一年近くを要したが、頭の中の物語を文章にしていくのには、それほど長い時間はかからなかった。ソン・アラムは四百ページほどの長編小説をたった四十日で書き上げた。何かに流されるように、導かれるように書き下ろしていった作品だった。

四十日で書き終えたということは、つまり一日何枚書いたことになるんですか？

——事前の準備には一年近くかかりましたが、実際に書き始めてからは人生最高の集中力で書き進めました。食事をする時間を除き、一日に十五、六時間ぐらい、ほとんど休まずに書いていたわけで……。寝ていても、ふいに起きてすぐに机の前に座って書いたり、公判の部分を書いていた時は、一日に原稿用紙二百枚分を書いた日もありました。

誰が見ても龍山事件をモチーフにしているのは明らかなのですが、物語の冒頭に「事件は実話ではない。人物は実在していない」と強調してあります。怖くなったのですか？

——いいえ、逆にリアルすぎるからです。細かい部分が実際とは少し違っていたりもするのですが、まるでドキュメンタリーのようにすべてが実際の事件として受け止められてもいけませんから。細部の違いのせいで、龍山事件のファクトが誤解されてはいけないと思ったのです。

国民参与裁判のシーンが印象的でした。韓国では陪審員判決がどのように出ようが、判事がそれとは違う判決を下すことができるということを、私は今回初めて知りました。陪審員が無罪だと評決しても、判事が有罪判決にすることができるんですね。

——韓国では国民陪審員の決定に法的拘束力がありません。ただの勧告事項というだけです。あ

＊10　住居や商店が撤去されることで立ち退きを迫られる人を韓国ではこう呼ぶ。

＊11　環境運動家でもあるジュル僧侶が二〇〇八年四月に朝鮮日報を相手取って起こした裁判。判決は原告の一部勝訴となり、十ウォンの支払いが命じられた。僧侶は二〇〇三年〜二〇〇四年に生態系保全のために京釜《キョンブ》高速鉄道の千聖山《チョンソンサン》トンネル建設に反対して断食闘争を行ったが、それを朝鮮日報が歪曲報道していた。

＊12　日本の裁判員制度に似ているが、参加する市民の権限や評決方法、審理日数など異なる点がある。

まりにも「司法制度が閉鎖的だ」という批判が多いので、国民参与裁判を導入したのですが、あくまでも形式的な司法民主化のパフォーマンスと考えられているようです。その国民参与裁判すらも実際の龍山事件の裁判では採択されませんでした。検事が証人を六十人も申請したことで、手続き上の困難があると棄却されました。

そうだったんですね。でも小説では検事が六十人の証人を申請した時、判事が「必要な人だけに減らして申請しろ」と言いましたよね。

——はい。小説は、龍山事件がそうやって国民参与裁判として行われたらどうなったか、仮定して書いたのです。

映画に登場していたように、実際に国民参与裁判を専門に担当する公判検事がいるのですか？

——私が傍聴した何件かの国民参与裁判は、すべて一人の女性検事が担当していました。その検事の話し方をそのまま使ってセリフにした部分もあります。陪審員たちに「皆さん、食事はされましたか？」という挨拶で始まるシーンとか。

なるほど、実際にそうだったのですか？

——その後に続けて、いつもこう言うんです。「私は緊張して食事ができませんでした。毎度のこ

となのに、どうしてなのでしょう。いつか私も慣れる日がきますよね？」と（笑）

ニコニコしながら刃物を振り回すタイプですよね。その女性検事は実在の人をモデルにしているんですか？　見た目はスマートでセンスも良く、話し方は整然としていて、かつ優しげな……。ぱっと見て法曹界出身のある女性政治家を思い浮かべました。映画の中でも学校法人の理事長の次女とあったし。

──監督がそんなイメージで俳優を選んだのかもしれません。私が書いた時は、特定の人を思い浮かべたわけではありませんが、そういうイメージはありました。学生時代とかに、いるじゃないですか。家柄が良くて、美人で、勉強もできて、好感が持てる人。ものの見方がものすごく純粋で、だからこそ将来が心配になるような。そんなタイプの人が検察官という重責を引き受けたらどうなるか、想像しながら書きました。

『少数意見』を通して、作家として言いたかったことは何でしょう？

──一番大きいのは「法の絶対性に対する疑問」でしょう。法は絶対的な基準ではない！

法廷を舞台にした小説や映画は、映画『弁護人』〔二〇一三〕もそうだったように「法の精神に戻ろう。最低限法律ぐらいは守ろう！」という、法の神聖性を擁護する立場のものが多いのです

が、それとは少し別の考え方ですよね。

――法というのは、たかだか五、六十年分の見識ですよ。大韓民国政府が樹立した一九四八年を基準にしても、法は六、七十年しか経っていない。でも私たちの感情や常識というのは、少なくとも数百年から数千年分の規範です。それなのに両者がぶつかりあった時には、たった六十年の見識のほうがまるで絶対的な基準みたいに語られてしまう。法は人間が作ったものだし、いつだって改正が可能なはずなのに、まるで神が与えてくれたみたいに思われています。私たちがそう思い込んでいるから、法が不法を正当化するような事態が頻繁に起こるのです。

法が不法を正当化するとは？

――たとえば統合進歩党の解散決定[*13]などがいい例ですよ。法律的には「反国家団体を解散できる」という条項と「国家は政党を保護すべきだ」という条項の両方がある。ところが憲法裁判所がこの法律の片方だけで解釈した瞬間に、異議申し立てをする余地がなくなるのです。

ソン・アラムが法の限界と訴訟過程について特に関心を持つようになったのは、ヒップホップのバンドをやっていた頃に本人自身が経験したことと無関係ではない。彼は安養《アニャン》高校の同級生たちと「真実が抹消されたページ」というグループを結成し、アンダーグラウンドではかなり知られたミュージシャンとして脚光を浴びていた。ところが大手レコード会社との契約問題で、長々と法廷闘争をするはめになった。アルバムを出してやるという約束を先送りしながら、一銭も払わずに拘束した大手芸能プロダクションの奴隷契約のせいだった。五年にも及ぶ長い訴訟で、最終的に勝利はしたものの、その間にグループはバラバラになり、音楽活動は中断されてしまった。ただ幸運にも、その時の訴訟経験は彼の小説の素材となった。

音楽だろうが映画だろうが小説だろうが、結局はすべて同じこと

高校生の頃からミュージシャンとして活動をしながら、ソウル大学の美学科に入学しましたよね。そして小説家になった。そんな話を聞いた人たちはどんな反応をしますか？　尊敬というよりも、ちょっと悔しがるんじゃないですか（笑）。ＩＱテストも満点だったとか？　ＩＱ満点の方には初めてお目にかかります。

——（きまり悪そうな表情で）出版社にそういうことを宣伝に使わないでくれとずっと言っているん

＊13　朴槿恵《パククネ》政権時代の二〇一四年十二月、憲法裁判所は統合進歩党が「親北朝鮮」であり、「民主的基本秩序に反する」政党との判断により、強制解散の決定を下した。同党は即刻解散となり、同党所属の国会議員五名も議員の資格を喪失した。

ですが……。

気になるので聞きますが、満点ということはＩＱがいくつなんですか？

――普通は百五十六まで測定できるんです。平均は百なんですが、百五十六だと一・五倍賢いとか、そんな意味ではないんです。これは正規分布の指数なので……。いずれにしろ人を惑わすような話です。人それぞれの能力の差などは微々たるものなのに、そんなことで話題にされるのは、作家としてはちょっと恥ずかしいですよ。

生まれつき才能に恵まれた人を見ると思うじゃないですか。「あいつはやりたいことが全部できていいなあ」と……（笑）

――自分は才能がいくつもあるとは思っていません。私の場合は一つです。書くこと。音楽をやる時もラップの歌詞として言語的なものを音声化しただけで、映画にしろコラムにしろ小説にしろ、みんな同じことです。好奇心をくすぐられたり、関心を引かれることがあれば、まずは飛び込んでやってみる性格です。

「やってみて失敗したらどうしよう」とは思いませんか？

――失敗しても、やってみないと。やらなければ、「やっていたらめっちゃ成功したのに」という幻想が生涯つきまといますから。

恋愛もそんな感じですか？　好きな女性ができたら、まずは積極的にアプローチします？　声もかけずにやり過ごしてしまったら後で後悔するだろうからと？

――そんなことはないですよ（笑）。私は一目惚れをするというより、自分が経験したことのない人生を歩んできた人たちに対してすごく好奇心がわくし、惹かれてしまうことが多いんです。人生の崖っぷちでギリギリの緊張を乗り越えて生きてきた人々に対する尊敬と憧れがあります。私が知ることのなかった生き方に。

ご自身はどんな生い立ちだったんですか？

――仲睦まじい家庭で両親からお小遣いをもらって音楽をやって、生活に困ってアルバイトするようなこともなく、崖っぷちにいたこともありません。いつも安全すぎるほどで。

恵まれた環境に育ち、立派な学歴の作家になりました。勉強にしても、音楽にしても、大きな挫折はなかったように見えます。秀でた能力と幸運は作家にとってハンデになることもありますよね？

――厳しい人生経験を持つ人たちに対する強烈な好奇心は、正直私の人生の余裕から生じるのかもしれません。本当に切迫した状況にある時には、自分以外の世界に対して好奇心や共感を持つことも難しいでしょうから。私自身は人生の深刻な危機に瀕したことはなくても、それを乗り越える人々を常に見てきたし、その人たちの人生に対する強烈な憧れがあります。だからかもしれませんが、私の小説の主人公の多くは観察者に近い立場なのです。一人称で語るのは常に見守る人であり、すごい仕事をする人々は常に主人公の周りにいる人たちです。

エリート主義者ではないですよね。芸術家というのは、特に選民意識を持ちやすいものですが。

――頑張って自分自身を偉大な地位に押し上げようとするのは、自分が弱いからかもしれません。芸術家は自分のしていることの影響力が弱いと感じると、自尊心を守るために「ナルシスト」になって自分を覆い隠します。文学を神聖視したり、仰々しく言ってみたり。私は文学を崇拝するとか、それに仕えるという気持ちはありません。文学はこの世界のとても小さな一部であり、私は文学のために生きようなどとは思っていません。文学の中に生きるのではなくて、世界の中で生きているのです。文学をしているから作家はエリートだと、それを制度化して偉ぶることで、自分が何かを表現できると思っている人には、魅力を感じません。そういう人にならないように努力しています。

誰にも記憶してもらえない二〇〇〇年代の闘い

ソン・アラムの三作目の長編『Dマイナス』は、韓国社会の主流エリートの出身校であるソウル大学を背景に、すでに衰退の一途にあった学生運動に身を捧げた政治的マイノリティーの物語だ。一九九七年から二〇〇七年までの十年間に学生運動に参加した若者たちを描いたこの小説には、大統領や学校名はもちろん、当時の学生運動のセクトの系譜や実際にあった労働争議、また同じ時期にソウル大学に通ったキム・ジョンフン、キム・テヒのような芸能人の話まで実名で登場する。

『Dマイナス』は『少数意見』の四年後に出ていますが、時代背景からすると『少数意見』に登場する人物たちの前史ともいえる作品ですよね。『少数意見』に登場するホン・ジェドク検事は『Dマイナス』では公安検察の検事だったし、『少数意見』に落ちぶれた警察官として出てくるムン・ヒソンは『Dマイナス』の対共分室[*14]のムン刑事、『少数意見』でユ・ヘジンが演じたチャン・デソク弁護士は『Dマイナス』で学生運動に挫折した法学部のデソク先輩ですよね。はじめから連作を念頭に書かれたのですか？

——はじめから計算していたわけではないのですが、書いているうちに人物の成長史が重なる気がしたので、同一人物に設定しました。次はホン・ジェドク検事が国情院*15のメンバーになってから起こることを書きたいと思っています。

ソンさんご自身の大学入学は二〇〇〇年ですよね。どうして一九九七年から二〇〇七年までを小説の背景にしたのですか？

——民主党が政権を握っていた十年じゃないですか。あの時代に政権を相手に闘った学生運動の話をしたかったのです。それは朴槿恵《パククネ》政権を相手に闘うのとは全く別の問題ですから。

いつの間にか九〇年代はノスタルジーの対象となりましたね。ドラマにしろ歌謡曲にしろ。九〇年代を懐かしむレトロブームが巻き起こっている。

——それも小説の動機ではあります。現在に対する絶対的な不満が過去を美化する方向に行っているのですが、私たちが理想とする過去が実際にはどれだけ残酷だったか、自分たちがどんなふうにボタンを掛け違えたのか、ちょっと違う方向で回顧してみたかったのです。

私にとってはこの小説が、九〇年代と二〇〇〇年代の大学生たちをあらためて理解しようと思うきっかけになりました。八〇年代の学生運動がもうこれ以上は後に引けないと、絶頂に向かっ

て突き進んだ熾烈さを基調とするなら、小説に描かれた九〇年代のミレニアル世代の学生運動には敗残兵の悲哀のようなものが色濃く感じられます。

——そういう感覚は多分にあったと思います。敗残兵の思い。何かとても大きな目標、たとえば政権交代のようなわかりやすい大きな目標は消え、運動の中心は人々の暮らしや経済闘争のようなものに移っていったのですが、やってもやっても終わりが見えない……。私たちは自分が闘っていると思っているその世界に、いずれ組み込まれてしまう運命ではないのか。そんな敗残兵の思いが支配した時代でした。時を経た後になっても、八〇年代の闘いは記憶されるが二〇〇〇年代の闘いは誰にも記憶されない。もっと言えば存在したのかさえわからない、人々の記憶から遠く離れた時代の話となっている。青春を丸ごと削除されてしまった感じというか、そういうことを書きたかったんです。

それでありながら、悲壮で厳粛な後日談文学というより、どこか李文求の『冠村随筆《クァンチョンスピル》』のような、つまり本当に多様な人々がもみ合って、ぶつかり合いながら交わる……そんな温かさのよ

＊14　警察庁の保安局にあった部署。共産主義者のスパイを取り調べるという名目で、独裁政権時代にはひどい拷問が行われた。

＊15　国家情報院の略。独裁政権時代のKCIA（韓国中央情報部）の流れをくむ大統領直属の秘密警察。

うなものを感じました。

――最初、書き始める時に一番大切にしたいと思ったのがそこでした。カジュアルな雰囲気にすること。実際に我々の時代の学生運動はそんな感じでした。みんながそれほど深刻だったわけではなかった。何やら崇高で特別な人たちの闘争だと思われがちな部分を、もう少しカジュアルに、セクシーに描くことが、重要な目標の一つでした。

小説に登場する学生活動家たちは、三十代中盤になった今はどんなふうに暮らしているのでしょう？

――過去を振り返りたがらない人が多いですね。ある意味、あの頃が自分たちにとって、もっとも輝いた時期とも言えるのですが、現在の自分はあまりにもかけ離れた生き方をしていると思うからでしょうか。ある友人はこの本を何ページか読んで「申し訳ないけど、もうこれ以上読めない」とも言いました。誰も批判などしないのに、その話をするだけでも「何でお前はそんなふうに生きているんだ」と責められている感じがするのでしょう。

それを指摘したかったのですか？

――いいえ。批判しようという気持ちで書いたのではありません。むしろ私はいつも申し訳ないと思っているんです。私は学生運動をしていたとはとても言えない立場で、音楽活動を言い訳に行きたい時だけデモに参加し、そうじゃない時は抜けて、どっちつかずの自分勝手な行動をしていました。闘い続けるしかなかった友人たち、組織の論理の中に青春を捧げ、だからこそもうそれ以上続けることができなくなった彼らに対して、負い目を感じています。『Dマイナス』は誰も知ろうとしない彼らの心の傷に捧げる物語です。

しばらく会話が途切れた。私が質問をやめると、ソン・アラムもそれ以上何も言わなかった。彼と私の間には世代の差はあるものの、彼が語る寂寞感のようなものは八〇年代世代と大きくは違わなかった。ありがたいことに、カフェは適度に賑《にぎ》やかだった。インタビューを打ち込むキーボードのカタカタという音が耳元に響き、それに続く人々のざわめきに導かれるように、いくつかの顔が記憶の中から現れては、消えていった。

振り返ってみれば、二十代が持つ幻想であり特権とも言えるのですが、「人は変えることができる」と簡単に考えてしまうんですよね。作品の中に登場するミジュが「ゲームなんかするな！」と言えばジヌはさっとゲームをやめ、農村の独身青年チョンベの微妙なセクハラに対して「謝罪しろ！」と言えば、それが素直に受け入れられてしまうように……。「人間なんてこうすればもっと善良になるし誠実になるはずだ」という楽観的な天真爛漫《てんしんらんまん》さがある。生きていくうちに、そうじゃないと気づくのですが。

――その通りです。一人の人間が一生純粋でいることはないけど、どんな時代でも純粋な人たちはいます。そういった持ち前の若者らしさが、どんな時代にもあるというのが、社会にとってはものすごく重要なんです。それが世の中を変える力ですから。

『Dマイナス』の序文に、友だちのイニシャルを一つひとつ記して、「お前らが夢見た社会で生きられるように」とお書きになりました。私はこれを瞬間的に誤読してしまい、「お前らが夢見た社会で安らかに眠れ」だと……（笑）。私たちの世代の友人たちはたくさん亡くなりもしたし、何というか、生きている間に夢は実現しないと思っていたので。九〇年代世代の書いた文章を八〇年代世代式に誤読したわけです。自分たちが夢見た社会で、彼らは生きられるでしょうか？

――夢見たことのすべてが実現しなくても、正しい方向に進んでいくと確信しています。百年単位で歴史を区切ってみれば、世界が後退したことはありません。私が生きている間にも、私が望んだことの大半が実現するだろうと思っているし……。

作家らしくない、素晴らしく「健全な思考の持ち主」でいらっしゃる（笑）

――楽観主義ですよ。私は……。

今後、作家として必ず書きたいものは？

――ゲームです。

（驚いて）ゲーム？　ゲームのストーリーですか？

――韓国のゲームはストーリーがとても薄っぺらで、ただの包装紙にすぎません。ところが何年か前にあらゆるゲーム賞を席巻した「ザ・ラスト・オブ・アス（The Last of Us）」というゲームを見て、とても衝撃を受けました。米国のゲームなのですが、ゲームのシステムそのものが、ある種の文学的体験のために最適化されたと言えばいいのか。つまりゲームのための文学的設定というのではなく、文学的設定のためのゲームシステムという感じがしたのです。自分の考えをインタラクティブな形に表現にできる方式のゲームを書いてみたいと思っています。

四時間余りにも及んだインタビューを終えて、彼と別れる頃には日が沈みかけていた。ゲームのストーリーを書いてみたいというIQ満点のラッパー出身の小説家。彼のすべてが新鮮だった。それは、文学をする人々に対する私の固定観念を揺るがすほどだったし、それ以上に新鮮だったのは、彼の世代と私の世代でも青春時代の記憶はそれほど違わないという発見だった。家に帰ってソン・アラムの本を手に取り、角を折り曲げてあったページを開いてみた。

我々の時代は、自白を得るために尋問を受ける者を苦痛で発狂させる必要はない。（中略）新たな拷問は、尋問を受ける者に世界の暗さと醜さを見せつけるだけだ。（中略）我々の時代の尋問者が尋問を受ける者に求め、得ようとしたのは自白ではなかった。自閉だった。（ソン・アラム『Dマイナス』子音と母音、二〇一四、百九十六ページ）

何日か後に、私はソン・アラムにまだ聞いていなかった質問があるとメールした。

「絶望と懐疑の中で、人々を自ら崩壊させること……権力を持つ者たちの統治は常にその論理でしたよね。そんな挫折の中で私たち自身を守りながら、生きていくためには何が必要だと思いますか？」

何時間かして、彼から返信が来た。

「私はティーンエイジャーだった頃、政治や社会、この世界の仕組みなどに関心がありませんでした。言語よりも数学を信じ、人間の希望よりも科学の予言に必然性を感じていたのです。（中略）そんな私の態度を変えさせたのは、何かの本とか理論ではなく、私が出会った人たちでした。彼らの生き方、彼らの行動、彼らの感情、彼らの感動と負い目など。人は知ることではなく、感じることで変わるのです。今は進歩や保守を問わず、人間としての政治的テーマは、邪悪な敵とではなく無関心との闘いです。どうやったら勝てるか？　圧倒的な正しさですか？　冷徹な論理で？　優雅な知性で？　私はむしろユーモア、涙、怒り、憐《あわ》れみ、魅力のような、原始的な感覚に力があると思っています」

美しい文だった。プリントアウトして、折り曲げてあった『Dマイナス』の百九十六ページにしおりとしてはさんだ。

民主化後の学生運動

韓国の民主化運動については、最近になって日本でも知られるようになった。『タクシー運転手　約束は海を越えて』（二〇一七）や『1987、ある闘いの真実』（二〇一七）などの映画では、一九八〇年代の韓国における学生や市民の命がけの闘いが描かれている。映画が公開される少し前に韓国では「ろうそく革命」が起こり、まるで一九八七年六月を彷彿とさせるような大群衆が広場を埋め尽くした。「三十年ぶりにデモに参加した」という人たちも少なくなかったが、でも、その間が空白だったわけではない。

ソン・アラムの『Dマイナス』には一九九七年から二〇〇七までの間に学生運動に参加した若者たちの理想と挫折が描かれている。

一九九七年は韓国で始めて選挙による平和的な政権交代が行われた年だ。IMF体制下の韓国で政権の座についた金大中大統領は、国家的な危機を乗り越えるために国民の大同団結と苦痛分担を訴えた。IMFと韓国政府が実施した新自由主義的な政策は、国民に大きな犠牲を強いるものだったが、民主化のシンボルでもある新大統領への信頼は絶大だった。

　しかし苦痛は平等に分担されたわけではなかった。韓国経済はＩＭＦの当初予測をはるかに超えるスピードで回復したが、「苦痛の格差」はますます広がった。それは、続く盧武鉉《ノムヒョン》政権下でも同じだった。ソン・アラムが『少数意見』のモチーフにした龍山事件は李明博《イミョンバク》政権下の二〇〇九年に起きているが、それ以前からすでにいくつもの伏線が敷かれていた。

　ソン・アラムのインタビューを翻訳しながら思い出したのは、ファン・ジョンウンの『ディディの傘』（斎藤真理子訳、亜紀書房、二〇二〇）である。この中に収められた「何も言う必要がない」という作品は、ファン・ジョンウン自身も参加者の一人だった一九九六年の延世《ヨンセ》大学事件について書かれている。各大学の学生組織が集まって主催した集会後、学生たちは警察の封鎖によって大学構内に閉じ込められてしまう。九日間の籠城の末に学生たちは警察に連行されるのだが、韓国社会の彼らに対する視線は冷ややかであり、心身共に傷を負った学生たちも一人二人と運動から離れていった。

　ソン・アラムのインタビューにも、ファン・ジョンウンの小説にも「自分を責める気持ち」や「自分は逃げたという意識」が登場している。「ろうそく革命」の群衆の中にも、そんな人たちがいたのだろう。封印してきた過去を抱えたまま、真冬の広場にじっとたたずむ人たちが。

第三部

懐疑と拒絶で選んだ人生

無事におばあちゃんに
なれるだろうか

チャン・ヘヨン

連れて行ってくれと、妹のほうから泣きわめいてしがみついてきたわけではなかった。満十二歳で家族と別れた妹は、世の中から隔離された障がい者施設[*1]で既に十八年も暮らしていた。家族と一緒にいた期間よりも、離れていた期間のほうが長かった。妹はそこを家だと思って暮らしていた。油性ペンで名前が書かれた服とわずかな所持品以外に彼女の存在を世に示すものはなく、まるではじめから存在しなかったかのように、カーテンの後ろでひっそりと隠れるように生きてきた。そんな彼女のもとを訪ねて、カーテンの向こうに手を差し伸べたのは姉のチャン・ヘヨンだった。二人は手を取り合って世の中の舞台に踏み出した。妹のヘジョンと一緒に暮らすことを決意してからは、二人で暮らす家を借りるためのお金を用意し、止める両親を説得し、妹が不慣れな世の中に怯《おび》えないようにと、少しずつ外出の頻度を上げていった。そうすること一年余り、二〇一七年六月から姉妹は一つ屋根の下で暮らしている。

　私がヘヨン、ヘジョン姉妹のことを最初に知ったのはユーチューブだった。「あれこれ考える二番目の姉」というタイトルのチャンネルで、チャン・ヘヨンは世の中への第一歩を踏み出したばかりの妹との、何気ない日常を記録した動画をアップしていた。姉妹は仲良く手をつないで町内を散策し、行きつけのカフェでコーヒーを飲む。一緒にご飯を食べて、ショッピングをして、旅行にも行く。姉妹の姿がこのうえなく幸せそうに見えることに驚きながら、そんな二人の幸福を意外に思う自分に困惑した。映像からは重度の発達障害を持つ妹の世話をする健気な姉の、涙の奮闘記的なものは感じられない。のどかな日差しの下で快活に笑う姉妹の姿は、底抜けに明るくて清々しい。チャン・ヘヨンはなぜ障がい者施設にいた妹を連れ出したのか。わずか一歳違いの姉、何も持たない、安定した仕事もない独身の彼女が、この世知辛い世の中で障害を持つ妹と一緒に暮らすというのは、はたして良い選択だったのか。「自分の面倒を見るだけで精一杯だ」と、多くのことを振り切りながら我々が失ったものを、チャン・ヘヨンは再び取り戻したのだろうか。

ソウル・合井洞《ハプチョンドン》にある唐人里《タンイルリ》発電所の前の道は、ひっそりとした静けさが漂っていた。赤いワンピースに白いスニーカーを履いた妹が腕をピンと伸ばして元気よく歩き、それを見守るように姉が何歩か離れて歩いていた。一週間に三日、姉妹が近所を散歩するコースだった。二人が一緒に暮らし始めたのは二〇一七年六月初旬のこと、姉妹の生活スケジュールはゆったりとしながらもバラエティーに富んでいた。午前中に起きて体操をした後、遅めの朝ご飯を食べる。午後は

＊1　韓国語の漢字表記は「障碍者」。「碍」は何かをするのに「さしつかえる」という意味の漢字だが、戦後の日本では「碍」が常用漢字から外されたため「障害者」という表記に書き換えられた。ここでは人に使う場合は「障がい者」、病名などの場合は「障害」と使い分けることにした。

近所の散歩と音楽のレッスン、毎週火曜日と日曜日は一緒に出かけて外食をする。

今日は火曜日ですから、外食をする日ですね？

——はい、そうです（笑）

じゃあ外食の代わりに中華のデリバリーでも頼みましょうか？（笑）

——妹も炸醤麺《チャジャンミョン》が大好きですから喜ぶと思います。

二人が暮らす家は二間の賃貸住宅だ。長い間ワンルームで暮らしてきたチャン・ヘヨンが、妹と一緒に暮らすために頑張って借りた家だった。妹は面識のない客が珍しいのか、私のそばに寄ってきて顔に触ろうとしたのだが、姉に注意されて手を引っ込めた。でも始終ご機嫌な様子で鼻歌を歌いながら、私たちのまわりを行ったり来たりしていた。

ヘジョンさんの表情はとても明るいですね。

——そうじゃない時もあるんですが……。最近は明るくなったと、よく言われます。

お姉さんと暮らすようになって変わったんじゃないですか？

――だとしたら、本当にいいですよね（笑）

正直なことを言うと、発達障害がどういうものなのか、きちんと理解できていません。私が子どもの頃には精神遅滞とか精神薄弱という用語が使われていたのですが、発達障害というのはそれらとは違う意味なのでしょうか？

――精神遅滞や精神薄弱、または医学分野で使用される知的障害というような言葉は、社会的には蔑称として使われますよね。相対的に優れたものと劣ったものを前提としていて、知的レベルが低ければそれ以上は上がれないという考え方……。発達障害には知的障害と自閉性障害の二つが含まれるのですが、訓練を積み重ねれば発達する可能性があるという考え方ですから、はるかに前向きです。妹には知的障害と自閉性障害の両方があるのですが、自閉性障害のほうがひどいんです。

そうなんですか？　とても人懐っこい性格に見えますが。

――妹は他人に対して怖がらずに近づいていくので社会性があるように見えるのですが、医師によればそれこそがひどい自閉性障害なのだそうです。知らない人には警戒心を持つのがあたり前なのに、妹は初対面の人に対してものすごく近くまで行って触るじゃないですか。他人とのコミュニケーションにおいて、本能的な学習ができていないということです。

なるほど、そうなんですね。私もそうですが、みんな映画やドラマなどのせいで自閉症に対する固定観念があるんですよね。自閉症といえば社会的関係を結ぶことに閉鎖的で、防御的なのだとばかり思っていました。

——サイクルがあるんです。両極端を行き来するような。人と人との間に紙一枚をはさんだぐらいの近さにまで来たと思ったら、ある瞬間に本当に石のように、亀の甲羅のように固く自分を閉じ込めてしまいます。

お姉さんに対してもそうすることがあるんですか？　亀の甲羅みたいに。

——もちろんです。私は毎日それを見ています。

（驚きながら）そうなんですか？

——はい。

知的障害についてよく知らない人たちは「精神年齢は何歳か」という、我々が理解しやすい方式で障害を数値化するじゃないですか。そういう捉え方そのものが間違っているんでしょうか？

——私はそう思います。何歳レベルかと聞くことは、実は「ほとんど何もできないんでしょう？」

という質問を、耳障りのいい言葉に置き換えているんだと思います。もう三十歳になる人に対して、この子は何歳ぐらいのレベルなのかと聞くことは、実は相手の知的な部分以外の人生を完全に無視した質問じゃないですか。

一緒に暮らし始めて四ヶ月たって、この間に妹さんに起きた最大の変化は何ですか？

――自分らしさを表現し始めたことです。こうしても、「ふーん」、ああしても、「ふーん」、「いいよ」「大丈夫」という状態を過ぎた今は、「嫌だ」「やらない」といった意思表示が増えました（笑）。自分が好きな服を選んで着るとか、お風呂は一人で入ると言うとか、食べるものも好き嫌いをしたり、自分の部屋に一人でいたがったり、そんな自己表現が明確になりました。

あまりにも当然のことが、今、妹に始まっていた。何も聞かれず、誰にも関心を持たれなかったから、気づけずにいた自分だけの個性や好み。それが少しずつ明らかになり、妹はもはや影のような存在ではなかった。この世の中に一人しかいないチャン・ヘジョンという自分自身を探し始めたのである。亀の甲羅のように固くなったり、紙一枚の距離まで近づくことを繰り返しながら、少しずつ変わっていく妹にチョン・ヘヨンは感謝せずにはいられなかった。

妹に対して自分と何ら変わらぬ「人」として接すること

いくら姉妹だと言っても十八年間も離れて暮らしていたのですから、ギクシャクしたり困惑する場面はありませんか？

——妹と暮らしてみて、一つ気づいたことがあるんです。それは「私が妹について何も知らなかった」ということです。以前の私は妹のもっとも大きな特徴を「障害」だと思っていたのでしょう。だから妹について説明をする時も、妹の障害について話すだけ。彼女が本当は何を好きで、どんな性格なのかを知らなかった。自分と同じような「人」としての妹にどう接すればいいか、幼い頃の私に教えてくれる人はいませんでした。

チャン・ヘヨンは京畿道《キョンギド》驪州市《ヨジュシ》で三姉妹の次女として生まれた。父親は工場で働く平凡な労働者、母親は家庭の主婦だった。そんな家族にとって、妹ヘジョンの障害は大きな負担となった。医学の力では妹を治すことはできないと悟った母親は宗教活動に熱中し、両親が家を空けている間にヘジョンの面倒を見るのは主にヘヨンの仕事だった。

障害を持つ妹がいることで、ヘヨンさんも幼い頃から気苦労が多かったでしょうね。

——大人たちは私を同情の目で見ていたのですが、友だちはそんな私を仲間はずれにもしたし、嫉妬もしました。大人たちの同情や好意は、むかつくことがあっても受け入れたほうがいいと経験上で学びました。それが私と妹を守ることになるから。でも友だち関係は違いました。みんなからすれば私は可哀想な存在なのに、勉強はできるしへこたれないし、同情する気持ちには全くなれなかったのでしょう。「うざい奴」だということで、陰でいじめられたこともありました。

ご両親もお姉さんもいるのに、どうしてヘヨンさんが一つしか違わない妹の面倒を見ていたのですか？

——両親の人生は大変だったと思いますよ。障害のある子どもが生まれたのを親のせいみたいに考える人も多いし、そういう世間の目にどう向き合えばいいのか、三十代になったばかりの両親には全くわからず、先が見えなかっただろうと思います。私より二歳年上の姉は、妹が生まれる前の記憶がありますから、なおさら妹の存在を否定したかったんだと思います。妹の面倒を見ろと言われても、いつも外で友だちと遊んでいました。今は結婚して同じ町に暮らしているのですが、頻繁に私たちの様子を見に来ては、申し訳なかったと言ってくれます。でも子どもの頃は姉だって気持ちのやり場がなかったんだと思います。いずれにしても、そんな状況でしたから、私なりに自分が母親代わりだという自覚があったような気がします。

そんなふうにいつも一緒だった妹が施設に行った日のことは覚えていますか？

――それは覚えていますよ。小学校を卒業する時です。私は中学校に行かずに妹の世話をすると言いました。その時までは同じ小学校に通っていたので、私が学校に連れて行きながら妹の面倒を見ていました。でも私が中学校に上がれば、事情が違ってきます。ヘジョンの面倒を見る人がいないのに、どうして中学なんかに行けるのかと言ったら、両親にものすごく叱られました。仕方なく他の子たちみたいに中学校に入学はしたのですが、両親はものすごく悩んだのでしょう。高校に通う姉、中学に入学した私のためにも、妹を施設に入れるべきだと判断したそうです。

同じような子たちが集まって暮らす施設に入ったほうが、妹のためにもいいのだと両親は言った。そうなのだろうと思った。ところが妹を施設に入れた後、家族は絶え間ない自責と怨嗟《えんさ》に苦しむことになる。結局、両親の関係は破綻した。祖父の家に預けられたヘヨンと姉は、寄る辺ない社会で生き延びるために、それぞれの道を探して孤軍奮闘するしかなかった。

寮のある高校に行って家庭の暗い影を断ち切りたいと思ったヘヨンは、希望通りに韓国アニメーション高校に入学した。映像演出を専攻し、二〇〇六年には延世《ヨンセ》大学の新聞放送学科に進学した。その間に妹は障がい者施設で成人となった。

いわゆる名門大学の人気学科出身で、記者になるとか、大企業に就職しようという気持ちはなかったのですか？

――全くありませんでした。私は大学を中退したんです。

完全に辞めてしまったのですか？

――二〇一一年に大字報[*2]を書いて大学を辞めた学生たちがいたじゃないですか。私もその中の一人です。

（びっくりして）えー、延世大学の自主退学生！　ヘヨンさんがそうだったとは、全く知りませんでした。

――いえいえ、私がわざと話してこなかったんです。

なぜですか？

――妹の話とその話が結び付けられると、何か別の方向に捉えられてしまいそうで……。

＊2　学生たちが自分の意見やスローガンを表明する貼り紙。韓国の学生運動の中で用いられてきた。

チャン・ヘヨンは新聞放送学科の四年生だった二〇一一年、高麗《コリョ》大学のキム・イエスル、ソウル大生のユ・ユンジョンに続いて三番目に自主退学を宣言した名門大生と言われていた。当時、彼女が自主退学を公開宣言した大字報のタイトルは「公開離別宣言文」だった。

鳥たちに羽ばたく自由があるならば、人間として生まれた私たちには自分が信頼し愛するものを選択する自由、そうやって選択した美しいものを守りぬく自由、すなわち「愛への自由」があります……。愛への自由、葉あいにそよぐ風にも心を痛めた先輩をいただく私たちが、愛を前にして自由になれないとするなら、いったい誰が一点の恥じなく彼の名を呼ぶことができますか。私は今、延世ではない他の愛に向かって旅立ちます。*3（「公開離別宣言文」より。二〇一一年十一月十五日）

大学を中退したことを後悔していませんか？

――いいえ、全く。大学を中退した最大の理由は時間がもったいないと思ったからです。大学にアカデミーとしての明確なアイデンティティがあるならともかく、たった一枚の卒業証書のためにそこまでの時間と労力を費やす意味はないと思います。

チャン・ヘヨンは二〇一三年に放送大学テレビとのインタビューで「勉強というのはいつどこ

にいようが毎日毎日するものであり、重要なのは何を勉強するかだ。つまるところ勉強とは自己を発見し、自分が何者として生きたいかを考える過程ではないか」と答えたことがあった。

学歴を利用して大きな企業に就職し、もっと恵まれた条件で妹を迎えようとは思わなかったのですか？

——人々が良いとする生き方があるじゃないですか。名門大学を出て、大企業に就職して……。それによってより多くの生活資源が確保できるかのように思われがちなのですが、そうしている間にも妹は痩せ衰えていくわけで、その時間は二度と再び取り戻せないのです。そうやって生活の糧が確保できたとしても、妹にとってもっとも重要なのは時間なのに、その妹のために使う時間がないことははっきりしている。今までのやり方では私が望むような生き方にはならないと思いました。

多くの人々は「愛する人のために」生活基盤を整えようと頑張る。しかし基盤を整えることは

＊3　ここには韓国人なら誰もが知る詩集『空と風と星と詩』の序詩部分が引用されており、「先輩」とはこの詩の作者であり、日本の植民地下の一九四三年に「治安維持法違反」の容疑で逮捕され、一九四五年二月に福岡の刑務所で獄死した詩人・尹東柱《ユンドンジュ》のことである。

決して簡単なことではなく、まるで蜃気楼のように近づけば近づくほど遠ざかり、愛する人たちと共に約束した「明日」はなかなか訪れない。チャン・ヘヨンは競争と淘汰のサイクルを拒否した対価として、学歴社会で名門大学出身者が享受すべき特権を失ったが、その代わりに愛する人と共に暮らす「今日」を得ることができた。

「障がい者は閉じ込められていても幸せなはず」という詭弁

「コンピューターが病気です！」私たちが食卓で話をしている間、自分の部屋でアニメを見ていた妹のヘジョンが飛び出してきて言った。繰り返し見ても見飽きることがない彼女のお気に入りは『人魚姫』だ。姉が部屋に入ってコンピューターをリセットし、妹に薬の袋を渡した。「薬を飲む時間だよ」。妹は大人しく、一人でコップに水をそそいで錠剤をごくんと飲んだ。

何の薬ですか？

――感情の起伏を調節してくれる薬です。施設にいる時は一日に四回、薬をひとつかみずつ飲んでいたのですが、家に来てからはかなり減りました。朝一錠、寝る前に一錠。施設で与えられるまま薬を飲んでいた時は、よだれを垂らしてぼーっとしていました。

どうしてそんなに薬をたくさん飲んでいたのですか？

――妹がいた施設では一部屋に十六人いる重度発達障がい者を、たった二人の先生が見ている状態でした。そこで妹は十八年間暮らしたんです。そんな条件の場所で重要なのは「管理する側が統制しやすい方法は何か」であって、「そこで暮らす障がい者たちが何を望んでいるか」ではなかったのです。しょっちゅうトイレに行きたがるからと水を飲ませなかったり、布団の洗濯が大変だからと床に寝かせたり、何か失敗したからと裸にして立たせたり、思い余った何人かの先生が良心の呵責に耐えきれずに告発もしたのですが、解決の兆しが見えなかったので親たちに援護射撃を頼みました。

ヘヨンさんは「親の会」の会長も引き受けたんですよね？　それがその時だったんですか？

――はい。

その若さで「親の会」の会長になったのはどうしてですか？

――障がい者問題はほとんど貧困問題と重なっているんです。全く面会に来ないような家族もいるし、多くの親は高齢化しており、親の会の年会費二万ウォンを捻出するのも大変な暮らしをしています。仕方なく私が引き受けることにしたのですが、その事件で私が告発した先生たちの側に立った瞬間、親たちは私を会長の座から引きずり下ろしました。そんなふうに闘って、もし施設がなくなってしまったら家に引き取るしかない、どうやって責任を取るのかと詰め寄られました。

むしろ親たちが問題を覆い隠そうとしたと?

——みんなが「隔離」に依存しているからです。その隔離システムを解体しようとした者は、すべて敵とみなされるのです。

障がい者施設をどのように運営するかによっても違いはありますよね? 立派な福祉の志をもった人や宗教関係者などが専門家と一緒に運営する良い施設ならば、毎日夫婦げんかばかりで子どもの食事の支度もしないような親のもとで育つよりはいいじゃないですか?

——それがまさに幻想なんですよ(笑)。障がい者ではない人でも、「お前、五つ星のホテルに住まわしてやる。一生そこで暮らしたらどう? その代わりに、お前が会える人間がいても我々は会わせないし、どこか行きたいところがあっても自分一人で決めることはできない。そうやって暮らしたらどうかな」と言われたら何と答えます? 施設というのはどれだけ美しい言葉で飾っても、障害のある人を「隔離」しようとするものだし、「この人はワンランク下の人間だから、普通のランクの人間と一緒に暮らすのは無理」というのが前提になっています。どんな能力の人でも、自分の人生を決める権利は本人に与えられるべきじゃないですか?

「知的障害のある人は自分の人生における決定権を行使したいという欲求そのものがないのでは」と考える人も多いと思います。それは自分たちが楽になりたいからでしょうか?

――そうだと思います。ケアが必要な人たちの多くは、早い段階での隔離によって、やればできたはずのこともできなくなってしまうのです。お金を使って何かを買うこともできず、バスや地下鉄に乗ることもできず、世間の人々との対話の仕方も知らずに、自分の欲求を表現する方法も教えられず……。そうさせてしまっておいて「ほら、できないじゃないか」と言うんです。世の中から隔離しておいて、「この人たちには他の幸福があるんだ、閉じ込められても幸福なはずだ」と主張するんですよ。だからスウェーデンのような先進国では、法律でそんな隔離施設をすべて閉鎖してしまったんです。

そうなんですか?

――施設そのものが違法なんです。人は必ず社会に出て暮らさなければいけないと、政府が支援金を切る形ですべての収容型施設を閉鎖しました。

ヘヨンさんみたいな家族ケアをするのが難しい人もいますよね。そういう人は、入所者を施設

から出そうという話に、傷ついてしまうんじゃないでしょうか？　倫理的な責任を放棄した冷酷な家族だということで、自分を追い詰めてしまうかもしれません。

——私もその点は慎重であるべきだと思っています。でも重度障がい者が二十四時間の介助サービスを利用できる公的制度が整えば、誰が家族を施設に預けるでしょうか。障がい者に対するケアは子どもに対するケアと同じく社会全体の仕事です。ケアは家族や個人が責任を負うのではなく、社会全体の責任と考えられるべきなのです。

隔離システムに亀裂を生じさせる

チャン・ヘヨンは昨年の夏、クラウドファンディングで募金を開始した。障がい者施設から出て来た妹が社会と交わりながら経験した、さまざまなエピソードを集めた長編ドキュメンタリーを作るためだった。ドキュメンタリーのタイトルは『大人になったら』。以前からチャン・ヘヨンと映像の仕事をしてきた仲間四人がスタッフとして集まった。五人の六ヶ月分の人件費と上映会の予算などを考えて五千万ウォンの募金目標を決めた時も、果たしてそれが達成できるのか半信半疑だった。でも、驚いたことに千二百四十九名が参加したクラウドファンディングは、目標額の一〇八％である五千四百万ウォンに達して終了した。二〇一八年二月、チャン・ヘヨンは約束した通りドキュメンタリーを完成させて、ソウル市麻浦区《マポグ》にある韓国映像資料院の「シネマテークKOFA」で上映会を行った。クラウドファンディングに参加してくれた支援者たちには、上映会の招待券と一緒にヘジョンの手書きのカードが郵送された。「ありがとうございます」「ごめんなさい」「愛しています」。たどたどしい文字の中には、ヘヨンとヘジョンの姉妹を応援してくれたすべての人たちに対する温かい感謝の気持ちがこめられていた。

どうしてタイトルが『大人になったら』なんですか？

——妹が施設にいた時に、口癖のように言っていた言葉です。したいことがあっても、あそこでは何もさせてもらえないから、そのたびに「大人になったら」してやるんだと独り言を言っていたんです。今はまだ大人ではないから大人になったら……。もうすぐ三十歳という年齢になっても、施設では常に子ども扱いをしますから。このドキュメンタリーは妹が自分自身を大人として自覚する過程の記録といえます。

ずっと以前からユーチューブの「あれこれ考える二番目の姉」というチャンネルに動画をアップされていたことを知っています。そこでのテーマは主に民主主義とかフェミニズムについての話で、障がい者問題はほとんど取り上げられていなかったと思うのですが。

——うまく話せるようになるまでは、なるべく話さないでおこうと思っていました。どうしてかといえば、その問題になると私が興奮してしまうからです。でも興奮したら、きちんと説明ができません。妹をどんなふうに登場させればいいかとても悩んだし、登場させるとしたらどんな形がいいのかも考えました。最初の動画が「青森に行ってきました」というタイトルの、妹と一緒に日本に旅行した話でした。障がい者が登場するコンテンツの多くは、これは障がい者の物語です、で始まります。この人はどんな障害を持っている誰々さんである。一般的な見方ですよね。でも私が作ったのは旅行の動画であり、ただそこに障がい者が出演していただけ。そこに違いがあると思うのです。私は障害を持つ妹の話を、そんなふうに私たちの日常風景として描きたかったのです。

ドキュメンタリーの作業が終われば、ヘヨンさんも働くんですよね？　いつまでも妹さんを二十四時間ずっと見ていられるわけではないし。

――私たちが目をつけていた昼間の介助サービスは、ソウルに六ヶ月以上居住していないと受けられないそうなんです。今まで妹がいた施設は京畿道なので、ソウルに来てから六ヶ月が必要になります。なので六ヶ月という期間を埋める間は、クラウドファンディングで集めた資金でドキュメンタリーを製作し、その後に少しずつ介助サービスを利用しようと思っています。

それにしても、なぜ六ヶ月が必要なんでしょうね？　新しく引っ越した先で、公共の図書館、福

祉館、体育館などを利用するのに、六ヶ月というような但し書きなど付かないのに。

――本当に……。

ところで、妹さんと暮らすのは本当のところはどうですか？　きつくはないですか？

――今まで妹も私も本当に戦争のような暮らしでした。日常らしい日常がなかったんです。今は時間が来たらご飯を食べて、時間が来たら寝る。意地悪をする人もなく、自分が休みたい時に休める日々が続くなんて、これは奇跡的なことですよ（笑）。毎朝、妹を起こす時、もう五分だけ寝たいと言う妹を見ながら部屋を出る時、私は本当に幸せです。誰かの世話をしながら暮らすということは、これまで私が生きてきた中でもっとも平和的な経験です。

でも一日中姉が妹の面倒を見ているわけで、妹が姉の面倒を見てくれることはないわけですよね。

――妹がいなかったら、私は全く別の人間になっていたかもしれません。私が何か重要な判断を迫られるたびに妹は、その存在をもって私のガイドになってくれるのです。

どういう意味ですか？

――さらに高いところをめざして頑張らなければいけないとか、何かを逃してしまうのではないかと不安になるような意識とは、みごとに決別させてくれます。

生存競争を勝ち抜いてさらに上昇し、より多くのものを手に入れようとするパラダイムでは、今、妹さんと共に生きる人生を到底説明できないでしょうから……。

——その通りです。人が生きるとは、どういうことか。時を重ねるとは、どういうことか。妹の存在はそういった問題をまさに原点から考えさせてくれます。実際のところ、私たちの社会はいつまでこの状態を保っていけるのか。二極化は徐々に進行し、弱者同士がさらに憎み合うことになり……。隔離ということについて考えてみると、ともすればこの社会を丸ごと、一括して表現する単語の一つが隔離じゃないかと思うのです。隔離の基準は誰にでも当てはめることができる。人間を数量化したり、序列化して分類するじゃないですか。小さい頃から優劣でクラス分けをして、授業をして。「私がダメだから、あの子よりも下の処遇を受けるのはあたり前」。そんな経験を数え切れないほどさせられるから、「障害がある人は隔離しなければならない」という主張に対しても、それは確かにそうだと頷いてしまうのでしょう。私は妹と暮らしながら、とても大きなテーマに対峙《たいじ》していると思っています。これは論理的に説明したところで、説得できるとか解決できるようなものではないでしょう。それよりも否定できない実際の暮らしをお見せすることが、もっと明確に「隔離のフラクタル構造」に亀裂を生じさせる道ではないかと思うんです。「ご覧なさい、私たちはこんなにもいい暮らしをしている！」と、それを証明してみせるのが手っ取り早く、かつ効果的な方法かもしれません。だから私たちの普通の暮らしを、ただそのまま見てもらおうと思っているのです。

チャン・ヘヨンは先月、妹と済州島《チェジュド》を旅行した。のんびりと森の中を歩き、海辺でウクレレを弾きながら踊る映像の上に、彼女が作詞・作曲した歌が静かに流れている。

無事におばあちゃんになれるだろうか／殺されることも殺すこともなく／餓死することも餓えさせることもなく／人々の中で生きていくことができるだろうか／年を取るのは怖くない／優しさを失っていくのが怖いだけ／みんなそうやって生きていると／平気な顔をして言いたくはない……（『無事におばあちゃんになれるだろうか』より）

幸せなおばあちゃんになってにこやかに微笑む姉妹の姿が目に浮かぶ。目の前の小さな利益に足をすくわれたまま、「みんながそうやって生きている」と思い込まされてきた愚か者たちの前で、隔離の鉄柵を打ち破って出てきた姉妹が明るく笑っている。

その後の、チャン・ヘヨンさん

インタビューの中で紹介された映画『大人になったら』は、二〇一八年のソウル国際女性映画祭や蔚山障《ウルサン》がい者人権映画祭等で上映され、映画関係者や市民社会から高い評価を受けた。このまま映画や音楽の仕事をするのかと思いきや、チャン・ヘヨンさんの次なる行動は周囲を驚かせた。

「今日から政治を始めようと思います」

二〇一九年十月二十九日、チャン・ヘヨンさんは自身のユーチューブチャンネルに正義党のシム・サンジョン代表（当時）を招き、その場で自らの決意を語った。そして翌日、韓国における第三の政党、正義党に正式入党した。

正義党は、二〇〇〇年に誕生した民主労働党の流れを組む政党で、労働問題や人権問題に熱心に取り組んでいる。チャン・ヘヨンさんの入党宣言には「一人の市民として声を上げるだけでなく、より大きな権限を持ってみんなのためのコミュニティを作りたい」とある。つまり社会全体を変えるために、政治の力を利用するということだ。さらに「変化に躊躇《ちゅうちょ》する今の政治にはうんざりした」ともあり、背景には文在寅《ムンジェイン》政権への失望があった。

野党も与党も同じく巨大政党であり、弱者の声は届かない。チャン・ヘヨンさんは正義党の比例代表候補として、二〇二〇年四月の国会議員選挙で初当選を果たした。

国会議員となったチャン・ヘヨンさんは二〇二〇年七月、国会に「包括的差別禁止法」を提出した。折しも新型コロナ患者のクラスター発生などもあり、韓国社会全体に性的マイノリティーに対するヘイトが急拡大した時期だった。「包括的」というのは、以前に性的マイノリティーを除外した差別禁止法案が提出されたことがあるからだ。その他にも「障がい者活動支援二十四時間保障法」「同性婚の法制化のための民法改正」「二極化を解消するための社会経済的基本法」など、チャン・ヘヨンさんが発議した法案は、いずれも社会的な弱者や少数者の声を代弁するものだ。

ぶれや妥協はない。そこが彼女の良さであり、それを生かせるのが少数政党の強みでもある。すぐに立法化・予算化されることは難しくても、法案は国会の場にきちんと提示されることで、公論となる。その時点で社会はすでに変化を始めているのだ。

ただし、なかなか難しい。経済的な数値ではすでに先進国となった韓国だが、障がい者福祉や人権分野はなかなか前に進まない。チャン・ヘヨンさんは日本のＬＧＢＴ法修正案の国会通過の翌日、「日本でも性的マイノリティーの人権を法的に保障する方向に変化している。我々も早く……」とツイッター（現・Ｘ《エックス》）に投稿していた。

ピンクのソファを蹴って出てきた「優雅なマッド・ウーマン」

ユン・ソンナム

女性の欲望は不穏だ。専業主婦だった中年女性の欲望はさらに不穏だ。「何不自由ない暮らしのくせに」という軽蔑の眼差し、それに反発する術もない孤独な女性たち。埋めることのできない人生の空虚感、欲望への飢餓感は満たされることなく、しかし自分では何が足りないのかわからずにじたばたするだけ。飢えた欲望を「ほしいもの」で埋めたところで、「やりたいこと」のない魂は空虚だ。「ほしいもの」に向かう物欲などは、比較的安全である。世間は「テンジャンニョ」[*1]を軽蔑しながらも歓迎している。ところが「やりたいこと」への欲望は危険だ。中年の女性が家庭の枠からはみ出して「私がやりたいこと」を追い求めることは自分勝手であり、夢物語にすぎないと言われる。「やりたいこと」を求めて安全線の外に飛び出してしまう、まるでラグビーボールのような女性は、「気のふれた女」として扱われた時代もあったのだ。

「優雅なマッド・ウーマン」というのは、東京経済大学の徐京植《ソキョンシク》教授[*2]が画家ユン・ソンナムについて書いた評論のタイトルだ。一九三九年に満洲の奉天で生まれたユン・ソンナムは、ソウル師範大学附属高校を卒業後、会社勤めをして二十八歳で結婚した。会社勤めをしながら成均館《ソンギュングアン》大学英文学科の夜間コースに一年ほど通ったことはあったが、正規の美術教育を受けたことはなかったし、絵画の道具に触れたこともない平凡な主婦だった。安定した稼ぎのある男性の妻として、姑とも同居しながら幼稚園に通う娘を育てていた彼女は四十歳になった時、夫から前日に受け取った給料袋を使い果たして絵の道具を買い込み、「私は絵をやる」と宣言した。その時から、ユン・ソンナムは超人的な作業量と不断の実験精神で、ドローイングとペインティング、書画と工芸、彫刻、インスタレーションなど、多岐のジャンルにわたって精力的な作品活動を続けてきた。

ソウル市立美術館で元老作家招待展として開催された「ユン・ソンナム♥心臓」展を訪ねた。人の少ない平日の午後、展示室に入った瞬間に視線を奪われたのは、ピンク色の照明でほのかな光を発する高さ三メートル、幅二メートルの大きな心臓だった。「金萬徳《キムマンドク》＊3の心臓は涙であり愛だ」というタイトルがつけられている。朝鮮時代の女性詩人である許蘭雪軒《ホナンソルホン》が蓮の花を胸に抱いて立ち、同じく朝鮮時代の妓生《キーセン》で詩人の李梅窓《イメチャン》は伸ばした長い腕の先に青い鐘を持って立っている。木製の瓦屋根の一つひとつに描かれた女たちの肖像画、地面を突き破って生える筍《たけのこ》のように並べられた数百の女たちの木像、そして最初のモデルであり、もっとも重要な霊感の源泉だった母親の連作……。

ユン・ソンナムの作品のテーマは一貫しており、女性と生命、そして母性と姉妹愛だ。「韓国の

＊1　味噌女。韓国女性に対する侮蔑語。寿司女（日本女性という意味の侮蔑語）に比べて物欲が強いとされた。
＊2　二〇二二年から名誉教授。二〇二三年十二月十八日死去。
＊3　一七三九～一八九二。朝鮮時代の済州島《チェジュド》に生まれ、妓生から身を起こした女性の大商人。

フェミニズム・アートの代母」と呼ばれる理由は察するに足りる。ただし彼女の作品のフェミニズムには悲壮感や攻撃性は見られず、温かく、素直で、大らかだ。既存の男性中心の秩序を愚弄したり排斥するのではなく、しなやかで豪胆なフェミニズムは、それに代わる価値であり美徳だった。展示を見た後、ユン・ソンナムにインタビューをしたいとメールで連絡をした。数日後に美術館の前に現れた彼女は半ズボンにサンダル履き、コバルトグリーンのスカーフに布のカバンを肩にかけた小粋なおばあちゃんだった。

他の芸術分野に比べて、美術の世界は特に男性の独占がひどいんじゃないでしょうか。文学とか演劇、舞踊などは言うまでもなく、最近は音楽の世界でも、女性の指揮者が活躍しているというのに。

——以前に比べたら美術のほうも増えましたよ。国立現代美術館をはじめとした公立美術館などでも、館長に女性が就任するケースが多いし。こういうことは、日本などでもほとんどないことなんです。*4

でも職業作家の場合は……。

——少ないですよね。今もプロの作家の中で女性の比率はとても少ない。なぜだかわかりますか？女性作家の作品は売れないんですよ。将来性がないと思われるんでしょうね。

長い目で見て、投資価値がないという意味ですか？

――男性作家のように八十歳や九十歳になってもちゃんと仕事を続けられるか、女性作家は信頼されていないんだと思います。そこがネックになっている。私は七十代後半ですが、女性画家の中では珍しく高齢なんだとか。でも男性たちは八十歳を過ぎようが、死ぬまで仕事を続けますよね。

女性作家はどうして活動期間が長くないのですか？　平均寿命も女性のほうが長いのに。

――わかりません、どうしてそうなのか……。仲間に聞いてみると、膝も痛いし、あちこち悪いとか……。でも、年を取れば男だってあちこち悪くなるでしょう？　これはとても寂しいことだと思う時があります。この歳になって仲間が多ければ、どれだけいいかなと。でも下の世代は違いますよ。イ・ブル*5とかキム・スジャ*6のように世界的に活躍する女性作家たちもいますから。

＊4　日本でもようやく二〇一九年になり、逢坂恵理子（国立新美術館長）、片岡真美（森美術館長）、蔵屋美香（横浜美術館長）ら女性美術館長の就任が相次いでいる。
＊5　一九六四年生まれ。一九九〇年代中盤以降、アジアを代表するアーティストとして国際的な活躍を続けている。
＊6　一九五七年生まれ。布を使用したインタスタレーションなどで世界的に知られる現代美術家。

ドローイング作品を見ると、作家のサインは「ユン・ソンナム」ではなく、「ユン・ウォン・ソンナム」となっています。母親のウォン・ジョンスクさんの姓をお入れになっているんですよね？ 父母両姓を使われる女性著名人の中で、最高年齢だと思います。

――（嬉しいといった表情で）え、そうなんですか？

そうだと思います。

――（拍手をしながら）ハハハ、そうなんですね。実はフェミニズムが何だかも知らずに、八〇年代半ばに「もう一つの文化」（女性学研究者と芸術家の集い）のメンバーに会って、フェミニズムの勉強を始めました。一九九七年からは「女性文化芸術企画」（女性文化運動団体）の理事長を十年ほどやったのですが、その時に両姓を使う運動[*7]に合流しました。

「フェミニズム・アートの代母」と呼ばれていますが、フェミニズム・アートとは何でしょう？

――八〇年代中盤、韓国の画壇に大きな変化がありました。民衆美術運動が始まったのですが、それはまさに私の思いと通じるものがあり、運動の第一世代になりました。

フェミニズム・アートについて、ユン・ソンナムは辞書的な定義の代わりに、彼女自身がフェミニズムに出会った経緯についての説明を始めた。一九八六年に民衆美術協議会が発足し、女性美術分科が初めて作られた時、キム・インスン、キム・ジンスクらが創立メンバーに参加した。当時、民衆美術陣営は女性労働者や底辺層の女性に焦点を合わせており、ユン・ソンナムもそんな「姿勢の正しさ」に惹かれもしたが、それに完全に傾倒することはできなかった。その方向に沿った作品を作ろうと努力はした。黄鶴《ファンハク》洞《トン》市場に行って電子部品のクズを袋いっぱい買ってきて、それで女性労働者のトルソーを作った。でも自分が納得できるものではなかった。作品は今も未公開のままである。

どうしてその作品を発表しなかったんですか？

——嘘をついている感じがしてね。最初は自分も女性労働者の一人だと思っていたんだけど、実際は中産階級ですよ。作品にするからには、労働者のことをちゃんとわかっていなければいけないでしょ。知らないのに知っているふりはできませんよ。労働者階級でもないくせに労働者階級のふりをするのは、自分で許せないから。自分が知らないことではなく、身近にある普通のこと、私自身の話をしようと思ったのです。

＊7　知識人女性を中心に繰り広げられた、両親の姓を連結して使う運動。韓国は夫婦別姓の国であり、子どもは父親の姓に従うと定められていた。

それで民衆美術からフェミニズム・アートに転向したのですか？

――正直な話、私は特定会派に入れ込むとか、どこかのグループを代表するというのとは違うんです。完全に民衆美術のカテゴリーに属するわけではないし、かといって純粋に美を追究する現代美術でもないし。私が入る場所がないから、皆さんがフェミニズム・アートというジャンルで私の話をしてくれるのですが、それはありがたいことですよね。どうせ私は死ぬまで女性の話をするわけですから。ただ代母という言葉はやめていただけたらと思います。負担に感じます（笑）

ピンク・ルームで窒息しそうになる

江南《カンナム》の中流家庭の四十代主婦が民衆美術に関心を持ったというのは、異例なことだと思います。当時のインタビュー記事を見ると、旧盤浦《クバンポ》にお住まいだったのですね。

――そうです。旧盤浦の中でも一番豪華なマンションに住んでいましたから、言ってみれば中流の中でも少し上かしら？　夫はゼロからスタートした事業家ですが、優れた技術のおかげで成功しました。基本的にエリート意識の強い人だと思います。私とは全く違うタイプですね。我が家は今も二種類の新聞を購読しているんですよ。夫は朝鮮日報[*8]、私はハンギョレ[*9]（笑）。それでも

「あなたはあなた、私は私」と、お互いを認め合って暮らしています。そんな夫も私が民衆美術に関心を持った時は、「君は本当に変わっているよ。何を考えているんだ?」と言ったり（笑）。ただ不思議なのは、その時も今も私はお金には興味がない。でも、そんな私にも実は葛藤があったのです。その頃は全斗煥《チョンドゥファン》政権の時代だったのですが、私はこんなふうに絵なんか描いていていいのか、こんな過酷な時代に絵画など贅沢《ぜいたく》じゃないのか、という悩みもありましたし。「体制に抗う」みたいな大層なことを考えていたわけではないのですが、幼少期から「なぜ金持ちは豊かに暮らし、貧しい者は飢えるのか。みんな一緒に豊かに暮らす世の中になればいいのに」と思っていました。父の影響が大きかったんでしょう。反骨精神が旺盛で、社会的な不平等に対する問題意識が強い人でしたから。

ユン・ソンナムの父親である尹白南《ユンベンナム》（一八八八～一九五四）は一九二三年に韓国初の劇映画『月下の誓い』を撮った監督であり、『沈清伝《シムチョンジョン》』〔一九二五〕でナ・ウンギュ[*10]を世に出した「尹白南プ

＊8　韓国でもっとも発行部数の多い保守系新聞。
＊9　民主化後に創刊された革新系の新聞。
＊10　羅雲奎。一九〇二～一九三七。『沈清伝』で主演した俳優だが、『アリラン』『風雲児』（いずれも一九二六）などを主演しながら脚色、監督した鬼才として知られる。

ロダクション」の代表だった。民衆劇団を組織した新劇運動の先駆者であり、東亜日報に歴史小説『大盗伝』を連載する人気作家でもあった。社会主義的な本を出したこともあったが、現実の社会主義の限界と矛盾をよく知る人でもあった。暮らし向きは常に困窮していた。放蕩とは程遠い実直な人柄ではあったが、お金に執着することは恥ずかしいと考えていた。

その時代を代表する文化人でいらしたのに、経済的に苦しかったのですか？

——文化人とか大学教授とか意味ないですよ。徐羅伐《ソラボル》芸術大学の学長として在職中に亡くなりましたが、死んだ時には家から何から全てを失った状態でした。避難先の釜山《プサン》から六人の子どもを連れてソウルに戻ってきたのですが、私たちが住んでいた新設洞《シンソルドン》の家は避難民がいっぱい。彼らを追い出すなんてとてもできなかったんでしょうね。「あの人たちにどうやって出て行けと言うんだ？」「私には死んでもできない」と言いながら、別のところに部屋を借りて暮らしました。新設洞の家は登記などもどうなったのか、その後は一度も行っていないので全くわかりません。

お父さんが亡くなって、お母さんお一人で子どもを育てられた。苦労されたと思います。

——父が亡くなったのは、私が満十五歳、母が三十九歳の時です。若い女性が、一番下は二歳児まで六人の子どもを抱えたまま路頭に放り出されてしまったものですから、見かねた父の文人仲間がお金を集めてくれました。それを元手にお菓子を作って売ったのですが、うまく行かずにすっからかんに。工場労働、畑仕事、何でもやりました。それをしながら母は金湖洞《クムホドン》の丘の上に自分でレンガを積んで、板の間と台所がある二間の家を建てたのです。

お母さんとお父さんはかなり歳の差がありますが、どうやって出会ったのですか？

――父が四十五歳、母が十九歳の時でした。父は東亜日報で小説を連載する文人であり、母は下宿屋の娘。その下宿屋に父が来る前から、母は尹白南の熱烈な愛読者だったんです。言ってしまえば母にとって父はヒーローだったわけですが、そんなヒーローが自分の家に下宿をした。想像できますか？　もう舞い上がってしまうでしょ（笑）。私は理解できます。

お父さんは正式な妻が別にいたわけですから、先生はいわゆる……。

――妾の子です。

そう、妾の子。それはコンプレックスではありませんでしたか？

――いいえ、全く。

全くなかったと？

――ありませんでした。母は誰よりも正直で、自尊心の強い人でした。父が亡くなった後、叔父は朝鮮電業（韓国電力公社の前身）の顧問にまでなったのですが、絶対に頼ることはしなかった。一年に一度だけ、正月の挨拶をするだけでした。それは私たちがすべきことだからです。高校の三年間はお弁当を持っていけなかったけど、貧乏を恥ずかしいと思ったことはありません。たとえ飢えて死のうが、母はいつも堂々としていたし、明るかったのです。それが子どもたちの自尊心を育てたのだと思います。

名門高校を出られているのに、大学に進学しなかったのは家の経済事情のせいですか？

――下の弟がものすごく勉強ができたんです。私が就職して彼を進学させなきゃと思いました。それが当時の我々世代の女工たちの意識でしょう。別に悪いことではないと思います。みんなそうやって家族の面倒を見た後で、自分の道を進んだんじゃないですか。それに私の場合は反骨精神も少しありましたから。高校時代にカミュやサルトルのような実存主義の本を読んで、重要なのは「生存そのものの意味」を探すことであり、どんな大学を出たかなどは飾りにすぎないと思っていました。働いてから貯めたお金で、成均館大学英文学科の夜間コースに遅れて進学もしたのですが、一年で辞めてしまいました。

会社勤めをしながら、二十八歳で結婚されたんですよね。当時としては遅い年齢ですよね？

――ずっと恋愛をしていたんです。二十二歳の時から六年間、高校の同級生だった今の夫とおつきあいをしていました。つきあいはじめた時の彼は、ソウル大学工学部の四年生でした。兵役を終えてきた彼と、保証金一万三千ウォンに月々の家賃千三百ウォンの、台所もない一間の家で暮らし始めました。義母も一緒に。

――一間で姑さんと一緒ですか？　新婚夫婦が？

――一つの部屋で一緒に暮らしたんです（笑）

――それで長い間子どもができなかったんですか？

――そうかもしれませんね（笑）。その時はそんなものかなと思って暮らしていました。ただ、私は本を読み始めると誰が何を言っても全く耳に入らない。義母はそれが寂しかったようです。どれだけ呼んでも返事もせずに本から目を離さないんですから、義母としてはプライドが傷ついたでしょう。はっきりと言われたわけじゃないんですが。

――丸一日、お姑さんと一つの部屋にいたんですか？

――そうですよ。お母さん、お食事ですよ、と言った後は何も話さずに二人で食事をして、後片付けをして、私は本を読んで、そんなふうに……。今でも胸が痛みます。もっと良くしてあげるべきだった。私は一番下の嫁で、亡くなるまで一緒に暮らしていたのですが、義母からすれば、何とも無愛想で冷たい嫁だったと思います。

ゼロからスタートした夫の事業は比較的順調に成長を遂げ、一部屋の間借り生活から二部屋のチョンセ[*11]に、さらに二十四坪のマンションにと、暮らし向きも良くなっていった。長い間、子どもができなかったが、結婚八年目に妊娠して三十六歳で娘も産んだ。すべてが順調に見えたが、ユン・ソンナムは憂うつから抜け出せなかった。

経済的にも安定し、可愛いお嬢さんもできたのに、何が問題だったのでしょう？

——大恋愛をして結婚したじゃないですか。なのに二年ぐらいしたら、生きることの意味を喪失してしまったんです。私はなぜ生きているの？　どれだけ考えても自分が生きている理由を見出せない。夫は出張に行けば二週間ほど帰ってきません。義母のために仕方なく食事の支度はするんですが、冷蔵庫が空っぽになるまでは全く外に出ない。太陽を拝むのも嫌でした。そうやって家にある本を読んではまた読んで。『ドクトル・ジバゴ』を六回ぐらい読んだと思います。なぜ私は生きているの？　生きる意味などない。一種のうつ状態。

子どもは慰めになりませんでした？　やっとできた子どもなのに。

——かわいいですよ。愛しさといえばいいのか。子どもは産んだけど、空虚感は埋められませんでした。なぜ私は生きなければならないのか、その理由を見つけられなかったのです。わからなかった。その理由が。

後になってユン・ソンナムは当時の自分の人生を「ピンク・ルーム」という連作で形象化させた。光沢のあるピンクのサテン地であしらった豪華な西洋式ソファ、宝石のような螺鈿《らでん》が散りばめられたドレスを着てソファに貼り付けられた無気力な女性。絹のソファを突き抜ける不純な欲望、鋭利な鋳鉄のフックのような黒くて太い毛がもぞもぞと生えて出ている。ソファの脚は尖った爪のように危なげで、ゆっくり座ることもできない。床にピンクのビーズが撒《ま》かれており、じかに足をつけて立つこともできない、華やかで虚しい人生の真空状態。

ピンクのソファを見た瞬間、朴婉緒《パクワンソ》の小説「恥ずかしさを教えます」を思い出しました。中流家庭の女性の偽善と自責を描いたあの小説を。

――朴婉緒も私とよく似ているんじゃないですか。ピンク・ルームは最初に絵を始めた時の私自身です。一九七九年に美術を始めて、自分の正直な姿をピンク・ルームに描くまで十年以上かかりました。

＊11　韓国独特の賃貸システム。高額の保証金を払うことで家賃が免除される。

「思い通りにやってみたい」と始めた美術

息の詰まるピンクのソファの生活に、最初に風穴を開けてくれたのは書道だった。友人の一人が、詩人の朴斗鎭《パクトゥジン》先生が書道を教えてくれるから一緒に習ってみようと言った。書道はやったことがなかったが、「何かしなくては」という思いから喜んでついていった。ユン・ソンナムにとって書道は暇つぶしの趣味生活ではなかった。生死をかけた人生最後の砦だった。「一」という字を一つ書いて来いと言われれば、他の人たちが四、五枚書いていくところを、ユン・ソンナムは新聞紙と韓紙に夜が明けるまで何百枚も書いていった。

なぜ、いきなり書道だったんですか？

——というより、私がなぜ生きているのか全く意味を見出せなかった時に、字を書くことで爆発してしまったんです。もう、これをしながら死ぬまで生きればいいような気がしたし、（胸を叩きながら）私はここにいる、私を見て……という気持ち。私自身を表現したかったんだと思います。毎日午前三時まで、山積みにした新聞紙に書いた後で、画仙紙にもきちんきちんと書いて持っていきました。先生はびっくりしましたよ。「どうして、こんなにいっぱい宿題をしてきたんだ？」っ

て（笑）

何かに没頭したかったんでしょうね。そうやって四年間続けた書道を中断して絵画に変えたのはなぜですか？

——一生懸命やれば創作に通じると思ったのですが、先生は「臨書期間だけで二十年」とおっしゃって。それで一気に絶望したんです。

何の期間ですか？

——臨書の期間です。先生が書いてくれるお手本の通りに書く期間。すでに四年もやっているのに、これを二十年もするなんて。自分のものを作るのではなく、真似する稽古だけで二十年なんて……。その頃、友だちの妹がたまたま我が家を訪ねてきたのですが、その子が弘益《ホンイク》大学の美術学部出身だった。それで私がお願いしたんです。「絵を描いてみたいんだけど、どうやって始めればいいかわからないの」と言ったら、すぐに「じゃあ私が先生を紹介しますよ」って。

それを聞いてすぐに絵の道具を一式買い揃えた。前日に夫から受け取った一ヶ月分の給料をすべてつぎ込んで。ところが紹介してもらったイ・ジョンム画伯からの個人指導は二ヶ月も続かなかった。

なぜですか？

――アトリエに行ってみたら、ご婦人方がみんな絵を描いていたのですが、（手のひらを指して）こんな小さなキャンバスにちまちまと。私は最初から五十号（百十六・七センチ×九十・九センチ）サイズのキャンバスを買っていったのです。先生は気絶しそうになって、どうしてこんなに大きなのを買ったのかと。「油絵をやったことがあるのですか？」「いいえ一度もやったことはありません」って（笑）

それで二ヶ月だけ習って、やめてしまったのですか？

――何となく一人でやっても大丈夫そうな気がしたんです。技術なんていうのは、つまるところ自分で会得するものであって、先生に教わるものじゃないと考えたわけ。ちょっと変なんですよ、私という人間は。

はい、変でいらっしゃる（笑）

――ものすごく変ですよ。今考えても……、あの自信は何だったのか。

生まれつき才能がおありなんでしょうね。

――才能があるとかないとか、私には関係ありません。私がやりたいからやるだけで、才能のあるなしは何の関係もない。正直に言えば、私は芸術というのは九九％が努力だと思っています。際限なくのめり込むこと。デッサンも美大生に一ヶ月だけ習って、後は自分でやりました。あまりにも（練習を）やりすぎたせいで、地下鉄に乗っても乗客がみんな平面に見えてしまって（笑）

基礎的な講習を一、二ヶ月受けると、一人でやってみたいと思った。せっかく「私の思い通りにやってみたい」と始めた美術だったし。一番描いてみたい対象を心の中に思い浮かべてみた。母だった。義母と暮らす家に、一週間に二回母親に来てもらい、描いては、また描いた。絵を始めて三年目の一九八二年、知人の勧めで初めての個展を開催した。たった一週間の展覧会だったが、予想外の好評を得た。

美術を始めて三年で個展をするほど作品があったのでしょうか？　ある程度作品数が必要ですよね。

――あの時は三十点ぐらいを展示しました。集中すると、かなり速いみたいです。私は何かにハマってしまうとそれに夢中になってしまって、悠々自適というふうにはいかない人間なのです。何人かで共同のアトリエを使っていたのですが、みんながお茶を飲んでおしゃべりしている時も、私は隅っこで絵だけ描いていました。朝、子どもを学校に送り出した後、後片付けをして家を出て、午後三時に子どもが学校から帰ってくる時間に合わせて家に戻り、夕方六時にご飯を食べさせて、またアトリエに戻って十二時まで作業をしてから帰宅する。

美術といえばソウル大学と弘益大学の美術学部が二大巨頭ですよね。そこの出身者が立ちはだかる画壇で、ほぼ独学で習得した絵をもってプロの作家をめざそうとするのは、並大抵のことではないと思うのですが。

——どうでしょうね。逆に得をしたかもしれません。どっちにも属さないから、行動を制限されることもないし。いえ、正直に言いますよ。私はそういうことには、何の関心もないんです。アイ・ドント・ケア。誰が引っ張ってくれようがくれまいが！　ただ、そういう肝っ玉はどこから出てきたのか。

ハハハ、それを聞きたいのは私のほうです。そういった肝っ玉はどこから出てきたんでしょうか？

——私もわかりません。初めて絵を描き始めた頃は、みんな有名な画家になりたいと思うでしょう？　世界的な画家になりたいと。でも私の目標はそれではなかったみたいです。ただ……自分の生き方を探すこと、存在の理由を探すこと、それが最優先でしたから。

初期に新聞に紹介された時は「閨秀《けいしゅう》作家」、「主婦画家」と呼ばれていましたよね。

――そんな呼称が多かったですよ。ほんと、バカみたい（笑）

展覧会が終わると夫が聞いてきた。

「君は、ずっと絵を続けるの？」

「もちろん」

ユン・ソンナムは一寸の迷いもなく答えた。夫はどうせやるなら米国に行って勉強してみたらと勧めた。幼稚園に通う娘を残して、ユン・ソンナムは一九八三年から一年間、ニューヨークにあるプラット・インスティテュート［Pratt Institute］のグラフィックアートセンターとアート・スチューデンツ・リーグ［The Art Students League of New York］で学んだ。

米国での留学生活はどうでしたか？

――韓国にいた時は、とにかく絵を描くだけだったでしょう。死ぬまでやろうという思いで。ところが米国で現代美術を見ながら、「芸術というものが我々の人生とどう関係しているのか」を真剣に考えるようになりました。「美術とは、こう描くべき」というような紋切り型の考え方は木端微塵《こっぱみじん》に打ち砕かれ、他人の目を気にすることなく、やりたいようにやればいいのだと強く考えるようになりました。結局、美術というものは、自分を見つめ直し、観察しながら、自分自身を削って、また反芻《はんすう》する作業総体の結果であるという考えに至ったのです。私の人生にとって重要なターニングポイントとなりました。

「ご飯一杯を分け合って食べる」母性の力で

繰り返し自分を見つめ直し反芻することで、ユン・ソンナムはどんな回答を得たのか。美術の世界に入った彼女が最初に取り組んだテーマは、彼女の母親であるウォン・ジョンスク（一九一五〜二〇一〇）だった。

十九の歳に下宿屋の娘として二十七歳も年上の尹白南に出会い内縁の妻となった。三十九歳で寡婦となり六人の子どもをがむしゃらに育て上げた。九十五歳で亡くなるまで先立った夫に想いを寄せ、生まれ変わっても彼と一緒になるのだと言っていた少女のような純真さ。工場労働から畑仕事までこなしながらも、「せんべい」を一袋買って夜遅く帰宅すると、幼い子どもたちを起こしてトランプで遊ぼうと言う楽天的な生活人。秀才のほまれ高い息子たちにも食事の後片付けや部屋の掃除を分担させた進歩的な母。小学校を出ただけの学力ながらも、ドストエフスキーの『罪と罰』や『カラマーゾフの兄弟』を愛読する、開かれた女性だった。

先生の作品に流れる「女性性」はお母さんにインスパイアされたものだと思います。ただ、犠牲的であり、家族に対して限りなく献身的だったお母さんに対する愛しさと憐憫というのは、家父長的で反女性的な作家たちが好んで使うテーマでもあるんですよね。

――それは私も作業しながらずいぶん悩んだのです。私は今を生きる女性たちを家父長的なシステムに縛り付けているのではないだろうかと……。でも、よくよく考えてみれば、うちの母は犠牲になっただけの可哀想な人ではないんです。犠牲だけなら、あんな愛情は出てこないでしょう。そこには自分の身を捧げてまで成し遂げたい、何らかの願望があった。子どもたちをちゃんと育てることであれ、貧しい隣人に手を差し伸べることであれ、そうやって愛情を捧げることで自分の望みを成し遂げる。そんな大きな力が母にはありました。全身全霊で生きる希望を見せてくれた、お手本としての母がいるのです。金萬徳もそうじゃないですか。どんな汚れ仕事もいとわずに財を成し、飢えた人たちを救う女性の力。それは私にとって生き方のモデルと言えます。

私たちの世代の女性は以前に比べて、家庭内での実権をかなり握っています。不動産や財テク、子どもの教育などもほとんど女性たちが牛耳っているじゃないですか。この凄まじい女性パワーに関しては、どう考えるべきなのでしょう？

――それは女性性ではないですよ。自分の子どものことしか考えない女性たちの「身勝手な母性」を見ると、本当に忸怩《じくじ》たる思いがします。私たちの母親の時代は、そんな利己的な家族主義ではなかったはずです。

何が違うんでしょう？

――あの頃は誰もが貧しかったからかもしれませんが、自分が少しばかり損をしても他人を助けようとする善意の気持ちがありました。うちの子だけうまくいけばいい、そんなことではなかったんです。村全体が家族だった。うちの母だけを考えてもそうでした。七〇年代でも籠にあれこれ入れた行商人が田舎から来ていたのですが、母はその人が来ると必ずうちに泊まらせていました。私たちとは何の縁故もないおばあさんです。二部屋に七人家族が暮らしているのに、そのおばあさんまで一緒に雑魚寝をする。母親の愛というのは自分の子どもにだけ向けられたのではありません。すべての生命を尊び、助け、木の枝一つでも大切にする、そんな思想、それが女性性ではないかと。

作品のモチーフや表現形式でも、絶え間ない変化を求め、新たな実験をされてきました。材料も捨てられた家具、洗濯板、ビーズ、廃材などの生活ゴミまで使われていましたよね。詩人の金恵順《キムヘスン》は「卑賤なもので人間の生き様を見せてくれる」と書いていました。

――捨てられた物に特別な愛着があるわけではありません。ただその物から何かのイメージが浮かぶと使わずにはいられないのです。過去には高価だった螺鈿の家具も、流行遅れになると古臭いからと捨てられてしまいます。でも目を凝らせば、そこから何かが見えてくるのです。屋根に使われた板っぺらもじっと見ていると、そこに人がいるのが見えます。表面はでこぼこしていても柔らかな顔が。

キャンバスに母親を描きながら、捨てられた洗濯板と廃品をつなげて母親のレリーフを作りながら、ユン・ソンナムは世の母親たちのポジティブな楽観主義と強い母性について考えた。世の中の弱き者たちを守る母性の価値を発見することで、それまで押し殺してきた自分の中の欲望とも和解した。人間としての生きる価値を追い求め、それを分かち合おうとすることは贅沢などではない。女性性とは本来分かち合うことや与え合うことの喜びを追求するものである。それに彼女は気づいたのだ。ユン・ソンナムは高い服やブランドのバッグなどは持たない。彼女は今も生活費の五%を志として寄付に充てている。

以後、ユン・ソンナムの作品は許蘭雪軒と李梅窓、金萬徳、舞踊家崔承喜《チェスンヒ》〔一九一一～一九六九〕、詩人高静熙《コジョンヒ》〔一九四八～一九九一〕ら歴史上の女性たちとの共感を表現したもの、さらに捨てられた犬の世話をする平凡な同時代の女性に捧げるものなどが続いた。『1025：人と、人なし』（二〇〇八）は、千二十五頭の捨て犬の世話をする高齢の女性イ・エシンさんの記事を読み、五年がかりで千二十五頭の犬を彫刻とドローイングで完成させたものだ。千二十五頭の犬を彫りながら、ユン・ソンナムは菜食主義者になった。作品に取りかかるたびに、彼女は治癒され、また胸の高まりを感じた。その喜悦こそが四十年間にわたり、彼女の変化に富んだ創作活動を支えるモチベーションだった。

ご自身が考えるユン・ソンナムとはどんな人ですか?

——良く言えば固定観念から自由な人、悪く言えば一匹狼?(笑)。誰が何と言おうと、私は私がやりたいようにやるだけ。

自分を信じ愛することができるのは、持って生まれた性格ですか? 努力の結果ですか?

——訓練の結果ではないですか? 私は今でも人が多い場所には行けないし、どこに行っても隅っこにいてすぐに家に帰る。財産は一ウォンも自分のものにできず、関心もなく……足りないところだらけです。でも楽天的でいられるのは、子どもの頃から母親が訓練してくれたおかげだと思います。「こんなことは大したことではない。生きていれば、もっと大変なこともある」と言われると、本当に気持ちが楽になったのです。金湖洞のレンガの家で暮らしていた三年間、白いお米にお目にかかるのも大変だったのですが、家に歩いて帰る時はいつも「自分一人だけ良い暮らしをしても幸せじゃない。みんな一緒に良い暮らしができればいいなあ」と夢想していました。そんなことを夢見ていたというのが、私の長所であり、楽観の源泉だと思っています。

ユン・ソンナムが日記をつけるように短い文を書き添えたドローイングの中に、幼子をしっかりと抱くおばあさんの絵があった。茫々とした地面から少し離れて、空につながるブランコに乗ったおばあさんの願いが、一つ二つと野草の種のように地面に蒔《ま》かれる。

天地神明にお願いします。大切な我が子がこの地で育ち、力を得ることになれば弱きを助け、財を得ることになれば飯一杯を分かち合うようにお助けください。（ユン・ウォン・ソンナム『米国の軍人がアフガニスタンの地に入って爆弾を落とすというニュースを聞くのがつらくて、テレビを消しておく』、二〇〇一年十月十三日）

息が詰まるほどユン・ソンナムを縛り付けた「ピンクのソファア」が、世の中に救いの手を差し伸べる金萬徳の「ピンク色の心臓」として蘇るまで四十年かかった。彼女は美術を通して自分の欲望に正直に応えることで生きる理由を探し当てた。八十歳を前にユン・ソンナムは、四十年前にピンクのソファアに縛られた自分のもっとも憂うつだった時代を思い出し、今もソファアを捨てられずにいる憂うつな女性たちに向けて語る。彼女の母親が言ったように。「大丈夫。もうソファアを蹴飛ばして出てきてもいいから。そんなことは大したことじゃないのよ」と。

元老女性画家の新たな挑戦

このインタビューは二〇一五年六月の新聞に掲載されたものだ。それから八年、七十代だったユン・ソンナムは八十代中盤に差しかかる年齢となった。この間に彼女の作品には変化があった。それまでの油彩、彫刻やインスタレーションの作品群に、新たに加わったのは「彩色画」であり、そのモチーフは彼女自身だった。

韓国の彩色画とは東洋画の一つのジャンルであり、モノトーンの水墨画などとは異なり、鮮やかな色彩で描かれる伝統絵画だ。宮中装飾画、仏画、あるいは民画などもこれに含まれる。日本では洋画と区別した「日本画」があるように、韓国でも近代以降は「韓国画」と呼ばれることもある。

それまでほぼ独学とはいえ西洋美術を学んできたユン・ソンナムだったが、八十歳を前に韓国の伝統絵画の技法を学び始めた。彼女にとって、その繊細な線、韓国伝統の色は新たな発見だった。さらに過去の暗い時代にあっても明るい色彩で自由奔放に描かれた、韓国伝統絵画の豊かな世界に魅了されたという。そして彼女はその彩色画の技法で自画像を描いたのである。

二〇一八年の個展で初めて披露された「自画像」は、とても力強い。それまで自身の母親をテーマにしてきた彼女だったが、ここにきて自分自身を作品の対象にすることになった。インタビューにもあったように、彼女が母親を描いたのは、そこに「女性という性の強さと豊かさ」を見たからだった。でも自分は恥ずかしいし、自身について語るのは難しいと思ってきたという。

「でも、今は違います」

ユン・ソンナムはメディアの取材に応えて、「女性が自画像を描く意味」について語っている。

「韓国の伝統絵画の中に、女性の肖像画はほとんどありません。なぜでしょう？　自分自身を描いた人もいなかったし、誰かが女性を描いたこともなかった。私はそれが少し悔しかったのです。肖像画はただの肖像画ではありません。その人が生きてきた旅を表現するのです。いつか私の友人たちの人生の物語を、私が作品にして残したいと思っています」（中央日報、二〇一八年九月二十六日付）

彼女は女性を描くことをやめない。

二〇二三年、韓国女性財団は元老女性画家五名による特別展を開催した。展覧会のテーマは「私が描いた女性たち」。ユン・ソンナムが描いた女性は彼女自身だった。

英雄でも愚か者でもない
民草たちの語り部

黄皙暎《ファンソギョン》

約束時間まで十五分もあるのに、彼がカフェに向かって歩いて来るのが見えた。入口まで来てもすぐには入らず、周囲をきょろきょろ見回していた。席から立って手を振ってみたが、ガラスに貼られた遮光シートのせいか、店内にいる我々に気づかなかった。近くまで行って挨拶をすると、他所《よそ》を見ていた彼は驚いた様子で言った。

「もういらしていたんですか？　今日は風も気持ちがいいし、外に座ったらどうかと思って……」

青いTシャツの上に重ねた黒いシャツのボタンをいくつかはずして、小さな男性用のバッグを持っていた。七十代半ばとは思えない、すっきりとした贅肉のない体型だった。

「ハンギョレはどうしていつも変な写真ばかり使うんでしょうね。（顔を歪めながら）大きく口を開けていたり、しかめっ面だったり……そういうのではなく、今回はちょっとカッコよく撮ってくださいね」（笑）

韓国を代表する文人であり、アジア、ヨーロッパ、米国などで多数の作品が翻訳出版されている世界的な作家だが、「文豪」とか「巨匠」という呼称は黄皙暎《ファンソギョン》[*1]には似合わない。彼は謹厳とか厳粛といった雰囲気を好まず、誰とでも気楽に酒を酌み交わす同時代の「語り部」であろうとしている。二〇一一年に、あるメディアとのインタビューで黄皙暎は、「作家というのは思想家というよりは巷の雑輩だ」と言っていた。東学の乱[*2]を背景にした小説『早瀬の水音』（チャンビ、二〇一四、未邦訳）のイ・シントンがそうだったように。

天安《チョナン》の市《いち》で人々を集めて話をしていたのだが、泣かせたり、笑わせたり、怒らせたり、喜ばせたり、それはまるで空が夏の風と雲を戯れさせるかのようだった。昔の言葉で話の玉手箱と言うけれど、シントンはまさにそれだった。（『早瀬の水音』、五十五〜五十六ページより）

語り部である黄晳暎は常に市井の人々の、軽佻浮薄な人生の場を離れることはなかった。彼は国内外の著名人や政治家、文化芸術関係の人々との交流を深めてきたが、作品に登場するのは大部分が流れ者、路上生活者、労働者、芸人、妓生《キーセン》などの、名もなき人々の平凡な人生だった。彼は生涯世の熾烈さを避けようとせず、時には燃え盛る炎の中の人々と共にあろうとした。黄晳暎にとって文学とは、歴史とは、人生とは何であるのか。いや、ある意味でさらに重要なのは、今

＊1　『囚人　火焔の中へ』（舘野晳・中野宣子訳、明石書店、二〇二〇）によると、二〇一九年の時点で二十八ヶ国で八十七の著者が翻訳出版されている。

＊2　一八九四年に起きた大規模な農民運動（甲午農民戦争）。東学（天道教の前身）の信者が多かったことから、東学農民革命とも呼ばれている。

回のインタビューの問いが黄皙暎自身よりもむしろ、我々自身に向けられたものなのかもしれないということだ。我々にとって黄皙暎の人生と文学はいかなる意味を持つのか。

二〇一七年に自伝『囚人』全二巻〔『囚人　黄皙暎自伝　Ⅰ・Ⅱ』、舘野晳・中野宣子訳、明石書店、二〇二〇〕を出されました。今まで多くの作品を発表されましたが、ご自身の人生を描いた自伝を出されたことには、また格別の思いがおありではないでしょうか。『囚人』のエピローグには『自叙伝』は、実はやりたくはない仕事だった」とありますが、出版を決意された動機は何だったのでしょうか？

――ずっとやりたくなかった仕事ですね。隠しておきたかった恥ずかしい話も全部バレてしまうし、後で小説に使おうと思っていたネタも明かしてしまうわけですから（笑）。最初、中央日報で「書き留めておきたい話」として連載を開始して、途中で中断していたものです。十年間も引っ張ったあげく対談でざっくりまとめてしまおうとしたら、それを聞いたカン・テヒョン（出版社「文学トンネ」の前代表理事）が怒ってきて、「君の個人的な問題ではなく韓国文学の財産であり、韓国文学史にとっても重要な仕事なのに、子どもみたいに放り出すつもりか？」と。言われてみれば確かにその通りで、自分が大失敗をやらかした気持ちになりましたよ。

新聞連載のために書いた内容は大幅カットし、全体の構成も変えて四千枚を書き足した。一九九三年に逮捕されて懲役七年の刑となり、一九九八年に金大中《キムデジュン》大統領による特別赦免〔恩赦〕で釈放されるまで、刑務所での五年間をベースの時間軸にしながら、訪朝と亡命、幼年期と光州《クァンジュ》民主化運動とベトナム派兵等をそれぞれ埋め込んでいった。自分の人生をすべて明らかにする作業は小説とは違って、「自分も気づかないまま主人公の意識に引っ張られ、自分を美化したり大袈裟になりがちな」自分自身と闘わなければならなかったと、彼は執筆の難しさを吐露した。

自分の人生を客観視することは可能でしょうか？

――もとの枚数は六千枚だったのですが、最後の章の二千枚はカットしてしまいました。その部分は「一九九八年以後、現在まで」なのですが、最近の出来事のせいか、つい言い訳がましくなり、自分の自慢が多くなり、まるで深夜に書く恋文みたいで（笑）。まだ整理がつかない話もあるし。作家にとっては小説より自伝を書くほうがはるかに難しいですね。

文学という大きな舞台で、一つの役を演じる

『囚人』を読みながら心から感嘆したのは、「こんなに膨大なスケールで時代の主要人物が勢ぞろいする個人史が他にあるだろうか」という点です。金日成《キムイルソン》から自尊派*3のリーダーまで、財閥の

トップから民主化運動の活動家や日雇い労働者まで、時間的、空間的にこんなに多様な人物に出会った人はいないんじゃないか、たとえ会ったとしてもこんなふうに緻密に当時の状況を記憶し、詳細に記録できる人はいないのではないかと思いました。刑務所で出会った様々な受刑者や北朝鮮の招待所の職員など、そんな人々の故郷や家族関係、交わした会話の内容のディテールまで記憶し、再現できるのはどうしてなのでしょう？

――記憶力で食べているようなものです（笑）。私に何か才能があるとすれば、ディテールを記憶することでしょう。

日頃からこまめにメモを取るタイプなのですか？

――いいえ、それは全くしません。『張吉山《チャンギルサン》』*4はメモなしで書きました。あの話には三千人ぐらいの人が登場するのですが、死んはずの奴が生きていて戻ってきちゃったり。そんな章もあって、後で整理し直したんです（笑）

人工知能でもない人間知能の「ビッグデータ」ですね（笑）。何か秘訣でもあるんですか？　人に対する関心がものすごく高いとか、よほどの執着がなければ不可能だと思うのですが。

――まさにそれですよ。私は人にものすごく関心があるんです。「男たるもの、風景に幻惑されず。人に幻惑されるのみ」（笑）、みたいなことです。一人でカフェに一、二時間座っていても、全く飽きないんです。人々を観察していますから。クロアチアに行った時、メガネをかけた太った男がやってるカフェに入ったのですが、おそらく彼はただ店をやっているだけの人ではなく、過去には何か知的な仕事をしていたような雰囲気だった。しきりに訪ねてくる人がいて、いつも何やら話をしていて。そういうことを記憶しているんです。

現実社会の人々がみんな文学的な人物に置き換わってインプットされるんでしょうか？

——そうです。記憶力がいいというのは、他の人とは少し見る場所が違うんです。シャーロック・ホームズが誰かのズボンをちらっと見ながら「あのズボンには何かがついていて、あいつはどの道を通ってきた」ということを推論するみたいに。

では、作品の素材が枯渇してしまうことはありませんね？

——ありません。書くネタがなくて困ったということはないですね。どの話が印象深く面白いか

＊3　一九九三年から一九九四年にかけて起きた猟奇的な連続殺人事件の犯人グループ。デパートの顧客名簿が利用され、主に富裕層が狙われた。

＊4　一九七四年から一九八四年まで、二千九十二回にわたって韓国日報に連載された大河小説。一九八四年に玄岩社《ヒョナムサ》から単行本（全十巻）として刊行された。統一運動家の鄭敬謨《チョンギョンモ》（一九二四～二〇二二）によって三巻まで邦訳され、長い間中断していたが、訳者の死後、関係者によって完訳された。

が問題。家を建てる時に柱を立てて、壁を作り、室内装飾をするじゃないですか。私は室内装飾の材料が多すぎる（笑）。映画を撮る時に配役を割り当てるみたいに、記憶の中の人物像を選んで使うんです。

先生は「小説家、黄皙暎」という言葉では収まりきりません。肉体労働者、九老《クロ》工業団地[*5]の労働者、マダン劇[*6]とノレクッ[*7]の制作者、統一運動家……そんな多様な活動をただの小説家の取材活動と考えるのは無理があると思うのですが。

――若い頃にはこんな誓いをしたことがあります。「私は自分の人生と自分の文学が一致する作家になりたい」と。作品とはまるっきり違う生き方をしている作家がいる、大方そうですよね。でも私の場合は振り返ってみると、（人生と文学が）だいたい似たりよったりな感じで一緒にやってこられたのです。作家として幸運なことです。私は亡命をして、投獄されて、国外で統一運動をして。そんな時も自分が何かの活動家としての人生を送っているとは思わずに、今は文学的な生き方をしている、例えば私は文学という大きな舞台に立って一つの役柄を生きている、そんなふうに思ったのです。そういう文学という「家」がなかったら、私はものすごく彷徨し、挫折していたと思います。でもカタツムリみたいに、しっかりと背中に文学という家を担いでいたから、自信があったというか……。

文学というのは、先生にとって何ですか?

——それは「私」です。私には「芸人意識」みたいなものがあるんです。本音はしまっておいて、みんなを笑わせたり、場の雰囲気を盛り上げたり……。その奥にある「本当の私」が文学なんです。でも私は、自分が文学をやっていると表に出すのはものすごく恥ずかしいのです。

なぜですか?

——日記を書いたり、詩を書いたりするのは、何となく男らしくないと思っていたんでしょうね。文芸サークルに入ったこともありません。私は高校をいくつも退学になって、工業高校の夜間部を卒業したのですが、そこの同級生たちは私が物書きになったのを知りません。名前も黄寿暎《ファンスヨン》でしたから（黄皙暎はペンネーム）。「お前は何やってんだ?」と聞かれて、うっかり「俺は物書きをやって飯を食っている」と言ったら、みんなが吹き出しそうになって、（真似をしながら）鼻をピクピクさせちゃって。「物書き?　何だそれ」って。

＊5　一九六〇年代半ばに国家戦略的に造成された工業団地。「漢江《ハンガン》の奇跡」と呼ばれる韓国の経済発展の基礎を作ったと評価もされるが、実態は従業員の多くを占めた年少の女工たちが低賃金・劣悪な環境のもとで過酷な労働を強いられていた。

＊6　広場で行われる演劇のこと。独裁政権時代の言論統制下では、虐げられた民衆の声を代弁する役割を担った。

＊7　韓国の農村に伝わる伝統芸能の形式を使った音楽劇。

ハハハ、十九歳で『思想界』*8の新人文学賞を取った人に向かって……。

――若い頃はちょっと思索的な文学少女とつきあってみたかったのだけど、彼女たちも最初から私を誤解していてね。私のことを「体育会系」だと思っていた。ボクシングの選手とか……。だから私に向かって、「たまにはご本をお読みになることもあるんですね。少しは考えることもおありなんですか？」とか言って（笑）

黄皙暎の成長期と青年期は彷徨と放浪の連続だった。家出と落第と退学、日雇い労働者の後について全国を放浪、寺での行者生活、三回の自殺未遂とひどい躁うつ……。彼の秘められた虚無感と孤独の根源は何だったのか。満洲で高等教育を受けて企業家として成功した父親と、平壌《ピョンヤン》の西門《ソムン》女子高を出て日本留学までしたインテリの母親との間に生まれ、経済的には何不自由なく育ったのに、彼には幼い頃から「根っこを抜かれた流浪の民」の悲哀があった。

長いあいだ二人の姉と私は、母親の影響のもと、ここは臨時の住まいにすぎないと心の底で思いながら成長した。いつかは故郷に戻らなければならないということだ。私たちは長いあいだ「難民」だった。（黄皙暎『囚人　境界を越えて』、三百八十二ページより）

永登浦《ヨンドゥンポ》の労働者営団住宅（集団住宅）と道を一つ隔てて暮らした彼は、貧しい労働者の子どもたちと一緒に遊んだが、階級の違う彼らとは完全に一緒にはなれなかった。名門景福《キョンボク》中学・景福高校に入学したが、そこでもまた「街はずれの出身」である彼は馴染《なじ》めずに浮いた存在だった。表面的には快活で賑《にぎ》やかな「コメディアン」でありながら、内面の深いところでは彼はどこに行っても「境界人」だった。虚勢をはってピエロのように振る舞うほど、虚しさは増すばかり。それを埋めてくれるのが文学だった。文学は厳重に隠しておいた「本当の私」に出会うことができる、唯一の安息地であり、魂の拠りどころだった。

彼の初期の文学が流浪民、路上生活者、風来坊を主人公にしていたことは、彼のそんな生い立ちと無関係ではないはずだ。高校在学中の一九六二年に短編「立石附近」で『思想界』新人文学賞を受賞し、ベトナム戦争から戻った後に黄晳暎という筆名で書いた初の小説「塔」が一九七〇年朝鮮日報新春文芸に入選したことで、彼は本格的な作家活動を開始した。以後、「客地」（一九七一）、「韓氏年代記」（一九七二）、「森浦《サムポ》に行く道」（一九七三）などを続けて発表した。

今までにギリギリで死線を越えられたことは一度や二度ではありませんよね。高校二年生の時

＊8　一九五三年に張俊河《チャンジュンハ》によって創刊された総合雑誌。学生や知識人の間で爆発的な人気を集めた。軍事政権下の一九七〇年、当時の反体制派詩人・金芝河《キムジハ》の「五賊」を掲載したことで廃刊処分となった。

には四・一九[*9]のデモに一緒に参加した友人のアン・ジョンギルが銃に撃たれて目の前で死に、ベトナム戦争では所属した中隊の半数が犠牲になる直前に配属替えで命拾いをし、一九八〇年の光州では、たまたまソウルに印税を受け取りに来ていた時に五・一八[*10]が起きて、逮捕と死の危険を避けることができました。五・一八当時、ご家族はみんな光州にいらっしゃったんですよね？

――ちょうど私はその時、光州の自宅におらず、妻は現場ですべてのことを経験しました。道庁を守っていた人々に食べ物を差し入れながら、彼らの死も、連行されていくのも、すべて見ていましたから。妻と対話が成り立たなくなったのはその頃からです。ソウルから初めて電話が通じた時、「お母さんや子どもたちもいるのに、家庭の主婦がそんなところに……」と言ったら、「あなたはそれでも人間なの？」と興奮した様子で……衝撃でした。凄まじい怒りの中にあるのだと。日常の暮らしに戻った後でも、そのわだかまりを引きずったままでした。

生死の境目まで行きながら、いつも決定的瞬間に危機を逃れたということは、時代の証言者として生き残れという神の啓示かと思えるほど、何とも奇妙な偶然です。

――今もある種の罪悪感に苛まれていて、繰り返し同じストーリーの夢を見ます。夢の中で私は殺人者であり、刑事に追われている。警察に行って聴取を受ける、毎回少しずつ違うのですが、いつも私が殺人者だという夢。

慚愧《ざんき》や贖罪《しょくざい》といった感情でしょうか？

――なぜ、生き残ったのに何にもできずに、バカみたいに生きているのか。そういうことです。大江健三郎やル・クレジオは私に「叙事が多い国に生まれた君が（作家として）羨ましい」と言うのですが、そのたびに私は冷ややかな口調になります。「私は君の自由が羨ましい」と。政治的・社会的圧迫だけが抑圧ではありません。歴史というのもまた抗いがたいものです。「お前は必ずこれをするべき。お前はこれだけをしろ」と暗に圧迫してくるのも、自由に対する抑圧でしょう。私は本当のことを言えば、光州を離れたかった。そこで何が書けますか？　芸術をする人間は政治や組織活動をする人々とは違います。そんな歴史に抑えつけられるのも、抑圧なのです。

常に場を盛り上げ、国宝級の語り部として「黄芸人《ファン》」の異名を取る彼だが、その根っこの部分には消すことのできない深い傷痕が刻まれていた。生まれてこの方の、分断と戦争、虐殺と暴圧で綴られた歴史が、彼にとっては投げ捨ててしまいたい重荷になることもあった。

＊9　一九六〇年四月に起きた大規模なデモ。同年三月の大統領選挙における不正糾弾を目的としたもので、学生が中心となったため「四・一九学生革命」と呼ばれる。結果として李承晩《イスンマン》大統領がその座を退き、ハワイに亡命した。
＊10　一九八〇年五月に光州《クァンジュ》市で起きた大規模な民主化運動。軍の武力弾圧により多くの学生や市民が犠牲になった。

タブーと境界を身体で突き破ること

現代史の重要な場面ごとに関連していたというのもアイロニーですが、そのたびに傷を負いながらも、再びその騒乱の炎の中に飛び込んで行ったという点にさらに驚愕します。その勇気はどこから出てきたのでしょうか？

――安企部[*11]で言われたことがあります。「君、（懲役）七、八年は食らうことになるけど、作家にとって経験は血となり肉となる、飯を食うみたいなものだとか？　全部、書くんだろ」と。それは確かにそうなんです。すべてが崩壊してどん底に落ちても本を書けばいい、そういう思いはあるんです。そんな思いに「賭博師が夜明けのツキを待つが如く」賭けていく（笑）

人は年を取ると少し慎重になったり、穏健になったりすると言われますが、先生はどうですか？

――私はそれほど……（笑）。いまだに「わきまえ」がないと言われますよ。自認しています（笑）。今も若い作家たちと競い合ったり、勝負してみたい。新しい形式、表現を探し出す競争をしたいし。

七十代も半ばになられた今、時間を遡って三十代の黄晳暎に出会ったとしたら、どんな話をしてみたいですか？

――うーん、同じ人間に会ったところで話も何もないんじゃないかな？　私は特に変わってもいないと思うけど。三十二歳で『張吉山』を書いていたんですよ。何たる怖いもの知らず（笑）。他の三十代とは少し違っていたと思います。

三十代の黄晳暎は「怖いもの知らず」で、七十代の黄晳暎は「わきまえない」。彼はいつだってあちこちにぶつかってばかりの尖った石だったが、そのおかげで私たちの文学と暮らしの間の境界は緩やかになり、タブーが崩されていった。彼の北朝鮮行きと亡命の長い流浪の旅も、禁断を打ち砕く作家としての道程だったのか。一九八九年三月、黄晳暎は母親の背に負われて三十八度線を越えてから四十二年ぶりに、再び禁断の境界線を越えて北朝鮮の土を踏んだ。一年前の一九八八年、盧泰愚《ノテウ》政権は「南北同胞の相互交流と離散家族の相互訪問、南北間の対決外交の終結」などを骨子とした七・七宣言を発表していた。平和共存のための画期的な措置だと言われたが、当時の政府が主張する南北交流は窓口を一本化し、政府チャンネルを通してのみ行われるというも

＊11　韓国の情報機関である国家安全企画部の略称。前身は韓国中央情報部（KCIA）で、現在は国家情報院に改組されている。

のだった。それに対して市民社会は、さらに自由で多様な民間交流と協力を主張していた。黄皙暎が政府の許可を得ずに訪朝を決行したのはその時だった。直接行って北朝鮮側と南北文化交流に向けた合意をとりつけ、「客観的な『北朝鮮訪問記』を書いてみたい」(『囚人　境界を越えて』、百六十三ページ)からだったと言った。

当時、北朝鮮訪問については、いろいろ言われましたよね。同じ年の、革新系市民団体を代表する全民連〔全国民族民主運動連合〕の文益煥《ムンイクファン》牧師や全大協〔全国大学生代表者協議会〕の林秀卿《イムスギョン》の訪朝とは違い、組織的な合意にはよらない個人的な行動、作家としての稚気だという批判的な意見もありました。

――わざとそういう噂を広めたんですよ。一九八八年、我々が民芸総〔韓国民族芸術人総連合〕を組織した時から民間交流についての議論はありました。誰かあっちに行って何か糸口を探らないといけない。組織とは別に個人で動こうと思ったのは、不告知罪〔反国家活動と知りながら通報をしない場合は処罰される国家保安法の条項〕でみんな一斉にやられるかもと思ったからです。

自ら進んで、投獄を覚悟してまで北朝鮮に行きたかった個人的理由があるのですか?

――今回、自伝を書きながら思い出したのですが、私には子どもの頃、平壌で幼年時代を過ごした思い出があるんです。父と牡丹峰《モランボン》に行って、ミルク〔キャラメル〕を買ってもらって美味しく食べた記憶もあるし。

それは三、四歳の頃なのに、覚えているんですか？

――その時に撮った写真があります。母がいつも故郷の平壌について話していたこと、祖母の話……そういったものが私の中には強く残っています。それなのに「なぜ私は北朝鮮に行けないのか」、一九八五年に西ドイツで開かれた「第三世界文化祭」にアジア代表として参加して、ヨーロッパ、米国、日本を回りながら、そんな思いが湧き上がってきた。西欧の知識人たちは全く理解できないんです。「お前たちはどうしてそんなに北朝鮮を恐れ、タブー視するのか」と。それを訝《いぶか》しく思ったり小馬鹿にしている様子は、彼らの表情と口調にそのまま現れていました。作家として侮辱されたと感じましたね。

黄皙暎は日本で在日同胞から投げかけられた問いを長い間考え続けていた。「では、あなたは祖国の分断をただ運命として、諦めて生きていくんですか?」。国家保安法を恐れ、あらかじめ限界線を引いて、活動をし発言をし執筆をしてきた日々を自ら恥じた。朝鮮戦争当時に南と北で死んでいった者たち、その境界のタブーを破ろうとして捕まり処刑された者たち、光州で死んでいった市民たちのことを考えながら彼は決意した。

未知が原因でタブーとされているのなら、作家は自由になるために、それに違反してでも確かめなければならない。国境、障壁、鉄条網を越えて飛び交う渡り鳥を見たことがあるなら、自由に生きようとする本能にとって、人が決めた雑多なルールにどれほどの意味があるのか、と問いただしたくなるだろう。(『囚人 境界を越えて』、二百七十一ページより)

黄皙暎は訪朝後、ベルリンに滞在しながら自分の目で見て体験した北朝鮮の紀行文を書いた。訪朝記のタイトルは『人が住んでいた』。彼が執筆に取り組んでいた一九八九年十一月、ベルリンの壁が崩れ、東西ドイツ間の自由な往来が実現した。西ベルリンと東ベルリンの市民たちがお互いに花を交換しながら万歳を叫んだ時、黄皙暎は冷たい雨に打たれながら熱い涙を流した。

しかし朝鮮半島の冷戦の壁は依然として堅固だった。一九九三年、四年余りの亡命生活を終えて自主的に入国した黄皙暎は、その場で逮捕されて収監された。囚人番号八十三番。彼は七年の実刑を受けて服役していたが、五年後の一九九八年に金大中大統領の特別赦免で釈放された。

まともな執筆活動ができない刑務所での五年間は、作家にとっては致命的ですよね。後悔していませんか? あの訪朝と亡命を小英雄主義的な行動だと言う人たちもいます。

——小英雄主義を「メシア主義」と言い換えることもできますよね(笑)。自分が世の中を変えられるとか、自分によって人々が変わる可能性があると信じるメシア主義。私にはそういうところがあるんですよ。自分の小説や行動が他人に影響を与えられると思い込む自惚れた気持ちが。

自分でメシア主義とおっしゃるのは、ちょっと偽悪的に聞こえます。

——いや、それは間違いないんです。私にはそんな自惚れがあるんです。私が二〇〇九年に李明博《イミョンバク》大統領と中央アジアに行ったのも、南北関係に何か画期的な変化を起こすきっかけになりたいという欲があったからです。

今も「黄皙暎」という名前を検索すると、関連するワードとして「転向」という単語が……。

——そのせいで散々悪口を言われて、今もそのレッテルが貼られたままです。

あの時、どうしてあんなことをしたのですか？

——二〇〇九年は私が訪朝してから二十年目の年でした。でも振り返ってみたら、当時の関係者である文益煥、尹伊桑《ユンイサン》*12、金日成……彼らはみんな死んでしまった。私一人が生き残っている。

*12　一九一七〜一九九五。韓国出身の世界的音楽家。一九五六年にフランスに留学した後、ヨーロッパを中心に活動していたが、一九六七年に「東ベルリン事件」に連座したとされ韓国の刑務所に収監された。釈放後に韓国を離れてドイツ国籍を取得、生涯韓国には戻らなかった。

ならば私が何か落とし前をつけなければと思ったのです。二〇〇八年に李明博政権になって、彼らはＢＳＥ［牛海綿状脳症］をめぐる騒動を経験したことで、（支持率挽回のために）自分たちも何かしなければと考えていた。そのせいもあって政権の初期段階では、彼らも南北関係の改善を強く望んでいたのです。それが危機的な状況になったのは、金剛山《クムガンサン》で韓国の観光客が銃撃を受けて死亡する事件が原因です。あの事件で南北関係が完全に途絶えてしまった。このまま放置すれば、この険悪なムードが続いてしまうかもしれないと心配していた時に、モンゴルが金大中政権時代から提案していたことを思い出したのです。

モンゴルの提案とは？

――北朝鮮の労働力と韓国の資本力と技術力で東モンゴルの開発をしてほしいということです。東モンゴルは、朝鮮半島全体の一・八倍もの広さに三万人が暮らしています。「南北問題を政治・軍事的に解決するのではなく、経済・文化的に解いていくこと。それが統一の第一段階になるのではないか」。そんな話を酒の席でしたら、それを聞いたキム・ヨンテやソン・ユボやチェ・ヨル、チョ・ソンウなど古くからの友人や仲間が私に、李明博に直接言ってみろと。それで提案書を書いて送ったら、李明博がすぐに会おうと言ってきて。それは彼がソウル市長だった時から夢見ていたことだから自分がやるんだと。

それが「アルタイ連合」プロジェクトですよね。でも、どうして実現しなかったのですか？

――二〇一〇年八月にモンゴルのウランバートルで草原文化祭を開いて、「アルタイ文化経済連帯」を発足させようとしたのですが、その年の二月に急に青瓦台《チョンワデ》からお呼びがかかって、草原文化祭から北朝鮮をはずせと言うんです。「だったら、なぜこれを始めたのか。それなら私が抜ける」と言いました。そうしたら三月に天安《チョナン》艦事件*13が起きてしまった。偶然の一致にしても、まるで予定されていたみたいに。それで完全になかった話になってしまった。

当時、ユーラシア特任大使に内定されたという報道もありましたよね。

――それはフェイクニュースですよ。ユーラシア特任大使なんてポストは存在しないし、そんな提案はされたことも聞いたこともありません。

そういう話は今回の自伝にはなかったようですが、まだ気持ちの整理ができていないということですか？

――訪朝二十年をこのままやり過ごすことはできないという個人的な焦りから、あまりにも性急

＊13　韓国海軍の哨戒艦「天安《チョナン》」の乗組員百四名のうち四十六名が犠牲となった事件。北朝鮮の小型潜水艇から発射された魚雷が原因と結論づけられ、南北関係は一気に冷え込んだ。

に李明博政権を信じてしまったのは私の不徳の致すところで、政治的には大きな過ちだったと、そんなふうに総括しています。でもまあ、私としては悔しいけど（笑）

今回の自伝『囚人』には、一九九八年に出所するまでの、二十年前までの出来事だけが書かれています。いつか、ここには入っていない話を補足して出版する機会があったら、必ず入れたい話がありますか？

——いやいや、私は過去の作品を振り返ることはしません。過ぎて去ってしまえば、何もせずにじっとしているだけ。崔仁勲《チェイヌン》*14みたいな人は『広場』を何度も書き直したというし、趙世熙《チョセヒ》*15や黄順元《ファンスンウォン》*16先生も生涯にわたって自分の作品に手を入れたというけど、私にはそんな気はありません。その時の時間の中に、そのまま置いておくのがいいと思っています。

文学は同時代の人々と通じ合うための身体的労働

上手な文章を書く方法は何かと質問されるたびに、「文章は尻で書く」と答えられていて（笑）、つまり誰でもお尻をついて座ってさえいればできるものですか？

——みんなその話を間違って理解していて、私が言っているのは文学を神格化するなということなんですよ。文学を天刑になぞらえて神格化し、作家を天から降りてきた存在のように扱うのにはうんざりです。書くことは労働ですよ。一定の時間を労働に捧げなければ書けないのです。三流映画を見ていると、作家が原稿を書きながら、わーっと（原稿用紙を丸めて投げる真似をしながら）悶え苦しむ。画家がベレー帽をかぶって絵を描いては（キャンバスに×印を書く真似をして）引き裂く……。実際はそんなもんじゃないということです。仕事は二十年もやれば達人になるというけど、物書きは五十年やっても達人にはなれない。ただひたすら座って、鼻くそをほじって、へその穴もほじって、炸醤麵《チャジャンミョン》を食べて、それでも書けない時は深夜にヨタヨタと散歩に出かけて、二十四時間営業の店で焼酎を半分だけ飲んで帰ってくる。寝て起きたら、つっかえが取れていたりして、自分はなぜあんなに大騒ぎしたのだろうかと思ったり。

一般の人たちが仕事をするのと同じように、文学も身体でする労働だと？

――もちろんですよ。それでこそ同時代の人々とわかりあえる。みんなが会社でしているいろん

＊14　一九三四（公式な出生記録では一九三六年）～二〇一八。一九六〇～七〇年代を代表する小説家の一人。代表作の『広場』は何度か邦訳されていて、二〇一九年には吉川凪訳でクオンから刊行されている。
＊15　一九四二～二〇二二。代表作『こびとが打ち上げた小さなボール』は四十年近くにわたって読み継がれているロングセラーで、二〇一六年に邦訳が河出書房新社から斎藤真理子訳で刊行され、二〇二三年に文庫化されている。
＊16　一九一五～二〇〇〇。韓国現代文学の巨匠。代表作「にわか雨」を含む短編集などが日本でも刊行されている。

な仕事に比べて、私が特にすぐれた仕事をしているわけでもないし。

彼は作品にとりかかると、生真面目なサラリーマンのように日常を管理する。仕事は普通みんなが寝る夜十時頃に始めて、一番集中力が高まるのは深夜の二時から四時の間。寝て起きたら野菜ジュースと納豆を軽く食べ、約束がない日の食事は夕食一回だけというのが普通だという。黄晳暎にとって文学は孤独な天才たちがする密室の作業ではなく、甘くて苦くてしょっぱくて辛い日常の中で、世の中の人々と一緒に分かち合う生活の痕跡だ。仰々しく振る舞うことも、大騒ぎをすることもなく、揺れる小波の中で黙々と自分の人生を生きていく普通の人々の、みすぼらしくも切実な熱さを描いていくこと。

今回の本では先生の一代記がとても細かく描かれているのですが、途切れがちな部分もあったように思います。家族史に関しては省略が多かったんじゃないですか。

——それは……私が失ってしまった部分です。

インタビューを開始してから初めて、彼は短く言葉を切った。格別に自分を偏愛した母親の臨終に立ち会えなかった悔恨、二度の離婚後に今の妻と出会うまでの紆余曲折、三人の子どもたちの成長に寄り添えなかった父親としての自責の念が、彼の苦い沈黙からにじみ出ていた。

今回の自伝を読んだことで、先生の個人史の浮き沈みと、その時々に書かれた作品を関連付けることができて、それもまた大変興味深いことでした。内面的な彷徨が極限に達して自殺未遂まででしながら、デビュー作である「立石附近」を脱稿されて、ベトナム戦争のトラウマに苦しみながら「塔」を書き、長い投獄生活の後遺症の中で『懐かしの庭』〔上下巻、青柳優子訳、岩波書店、二〇〇二〕**を書かれましたよね。他の人たちは書けなくて死にたいと言うのに**（笑）**、先生は死にたいほど、つらい時ほど名作を残されました。**

――さすがお見通しですね（笑）。私は書くことを通して自分を治癒し、回復しているような気がします。自分は文学至上主義者でもないくせに、文学を（自分が帰る）家だと思ってきたのはまさにそのためです。書くと自分が変わるのです。書きながら治癒され、自分自身が一段階アップグレードするみたいです。

紆余曲折の多い人生でいらしたけど、それでも黄皙暎の生き方を羨ましいと思う人は多いんじゃないでしょうか。

――誰が？　私を？

はい、そうです（笑）**。ある意味、生涯を通して、やりたいことはすべてやり、言いたいことは**

すべて言い、行きたいところにもすべて行った。そうやって生きてこられたのではないですか？ それでもまだやれずに心残りだと思うことがありますか？

――いや、ないですね。私は運のいい人間だったし、多くの人から愛してもらいましたから。私はそういうことに全く無頓着だったんですが、『囚人』を書きながらそれを知りました。それと、あまりにも分別がなかったことも。私に向けられた人々の関心や手助け、支援みたいなものを、私はきれいサッパリ忘れていた。昔の資料を読み返しながら、昔のことを考えていると、一つ一つ記憶が蘇ってくるんですね。そのあたりは、ものすごく後悔しています。私ももう少しみんなと誠意あるやりとりをすればよかったと。才勝薄徳、才はあれど徳がないというのかな。それを痛切に感じています。

黄晳暎は欠陥の多い人間だ。でも透明だ。彼は時に軽率であり、性急であり、自己中心的だったが、偽善で覆い隠すことはせずに、遠慮なく過ちを晒して叩かれた。彼は孤高の志士でも寡黙な俠客《きょうかく》でもなく、常に我々と共にあった。上品な儒生たちが道袍《トポ》*17の裾をなびかせながら馬に乗って通り過ぎた後に、土ぼこりの中から爪楊枝をくわえて現れ、露天を覗《のぞ》く町内のご意見番のように。黄晳暎ほど生涯疲れ知らずで、粘り強く、じめじめした暮らしの場に密着し、英雄でも愚か者でもない民草たちの人生にしっかりと細やかな愛情をそそぐ人は、二度と現れないかもしれない。

＊17　韓国の伝統衣装。朝鮮時代に上流階級の男性が着た上着。

一九八九年の訪朝、黄晳暎と林秀卿

一九八七年の民主化宣言から翌年のソウルオリンピック開催まで、韓国社会は自由と民主主義を手に入れた興奮の中にあった。次なる課題は南北統一。盧泰愚政権は「七・七宣言」で相互交流の推進等を発表し、それに対して市民団体や学生組織もそれぞれの方針を打ち出していた。

一九八九年三月に黄晳暎と文益煥が、六月に林秀卿が北朝鮮を訪問した。いずれも韓国政府の正式許可がない状態での訪朝であり、帰国と同時に逮捕されることは予想されていた。当時大学生だった林秀卿は日本や欧州を経由して平壌に到着した際に、「帰る時は板門店《パンムンジョム》を通過し、南側がこれを受け入れない場合は死を覚悟した闘争も辞さない」と述べていた。八月十五日、予告どおりに板門店から帰還した彼女は、その場で安企部に拘束された。

林秀卿の行動はヒロイックであり、彼女を熱烈に指示する若者たちもいた。雑誌に掲載された彼女の写真を、九〇年代初頭の韓国で同じ下宿の女子学生から見せられたこともある。「林秀卿?」と私が言うと、彼女は嬉しそうに頷きながら「そうです! すごく可愛いでしょう」と言った。

「可愛い？」――違和感はそれだけではなかった。当時の北朝鮮は彼女を「統一の花」ともてはやしていたが、韓国の支持者もその言葉をそのまま使っていた。

それに比べると、黄皙暎の訪朝は物議を醸し出した。本文にもあったように、「全民連の文益煥牧師や全大協の林秀卿の訪朝とは違い、組織的な合意にはよらない個人的な行動、作家としての稚気だ」という批判もあった。でも、今となってはむしろ個人的な行動であった黄皙暎の訪朝のほうが、本人にも社会にも利することが多かったのではないかと思える。

運動団体の組織的な合意による訪朝をした林秀卿は、一九九二年に特赦で出獄した後も様々な活動を精力的に行ったが、常に組織との軋轢に悩まされることが多かった。二〇一二年には民主党から立候補して国会議員にもなったが、四年後には党の公認が得られずに出馬を断念した。その直後に出した自叙伝『林秀卿の物語』（チ・スンホとの共著Human&Books、二〇一六、未邦訳）では、自分を縛り付ける原罪としての「統一の花」、今もそこから抜け出せない苦悩について書いている。

だとしたら、やはり人々は黄皙暎を羨ましいと言うだろう。あの八〇年代の終わりも二〇二〇年代の今も、彼のように個人の意思で行動できる人はそれほど多くない。

正解はない、
無数の解答があるだけ

チェ・ヒョングク

年が明けたからと言って、浮かれた気分にはならなかった。形式的な新年の挨拶をする気も起きないほどで、「めでたくもないよね?・」と挨拶される側も白けた返事だった。憂うつと無力感の中で二〇一四年の新年を迎えた。時計の針は過去に向かって逆行し、歴史の舞台から退場したはずの人物がゾンビのように蘇る。維新憲法*1を起草したキム・ギチュンを筆頭に、旧時代の「オールドボーイ」たちが政府の要職に就き、街頭では極右団体の老人たちが「従北追放」を叫んでガスボンベに火をつけて威嚇する。彼らと対面する日々は本当につらかった。ページをめくる気も起きない新聞は何日分もたまり、積み上げられてゴミ捨て場に直行するだけ。朝刊はまるでパンドラの箱を開けるぐらい不吉だった。どこまで続くかわからない真っ暗なトンネル……。朴槿恵《パククネ》政権になって一年も経っていないのに、底なし沼のような深い絶望の中にいた。

「大人」に会いたかった。以前は元日の新聞に、その時代に尊敬を集める大人たちの特別なコラムが掲載されていた。「希望を失うな」とか「隣人と共にあれ」とか、肩を抱いて背中を優しく叩いてくれるような新年の激励だった。そんな先達たちを何年かの間に多く失った。金寿煥《キムスファン》枢機卿*2、法頂《ポプチョン》和尚*3、金大中《キムデジュン》大統領と盧武鉉《ノムヒョン》大統領、李泳禧《リヨンヒ》*4、李敦明《イドンミョン》*5、朴景利《パクキョンニ》*6と朴婉緒《パクワンソ》*7、そしてまだ亡くなるには早すぎた金槿泰《キムグンテ》*8先生まで……。みんなもう私たちのもとにはいないのだと思った

＊1　一九七二年十月に当時の朴正熙《パクチョンヒ》大統領によって断行された「十月維新」に伴い公布された新憲法。独裁体制は強化された。

＊2　一九二二～二〇〇九。韓国初の枢機卿。日本の植民地時代に上智大学に留学、解放後には韓国のカトリック大学で学び一九五一年に司祭に。独裁政権時代には民主化運動をする人々を支援した宗教家の一人としても知られている。

＊3　一九三二～二〇一〇。全羅南道海南《チョルラナムドヘナム》生まれ。一九五六年に出家。七〇年代には「ハングル大蔵経」の訳経に献身すると共に民主化運動にも加わる。無所有の簡素な生活の実践と清貧の思想は、仏教徒だけでなく一般の人々からも尊敬されていた。

＊4　一九二九～二〇一〇。ジャーナリスト、評論家。軍事独裁政権下の韓国で、民主化運動の理論的支柱として大きな影響力を持った一人。代表作である『転換時代の論理』（チャンビ、一九七四）は、当時の若者にはバイブル的な存在であり、盧武鉉《ノムヒョン》や文在寅《ムンジェイン》ら元大統領も多大な影響を受けたと語っている。

＊5　一九二二～二〇一一。韓国を代表する人権弁護士。一九七五年に「反共法違反」で逮捕された詩人の金芝河《キムジハ》をはじめ、軍事独裁政権によってフレームアップされた民主運動家たちの弁護にあたった。七〇年代の「三・一民主救国宣言」「クリスチャン・アカデミー事件」「統一革命党事件」「ＹＨ事件」のほか、八〇年代に入ってからも「釜山《プサン》アメリカ文化院放火事件」等、多くの裁判で被告席の人々と共にあった。

＊6　一九二六～二〇〇八。韓国における女性作家の草分け的存在。代表作の『土地』（全二十巻）は一九六九年から一九九四年までの二十五年間にわたって書かれ、二〇二四年四月現在、『完全版　土地』（吉川凪・清水知佐子訳、クオン）として十八巻まで邦訳出版されている。

＊7　一九三一～二〇一一。韓国の現代文学を代表する一人で、一九七〇年に三十九歳でデビュー。当時はまだ男性中心の文壇にあって、女性の生き方を真正面から描いた。邦訳に『あんなにあった酸葉をだれがみんな食べたのか／あの山は本当にそこにあったのか』（真野保久・朴暻恩・李正福訳、影書房、二〇二三）などがある。

瞬間、冬の原野に捨てられた孤児になった気分だった。その存在だけで心を満たしてくれる大人に会うのが、こんなにも難しいとは。激動の時代にも揺れることなく、世俗の欲望に魂を売らなかった大人たちからなら、厳しいムチであれ鋭い叱責であれ甘んじて受け入れることができると思う。私が「チェ・ヒョングク」という名前を初めて聞いたのはその頃だった。ハンギョレ新聞に掲載されたアン・ドヒョン*9先生の短いコラムのおかげだった。

ソウル大学哲学科を卒業後、才気あふれる若者は、炭鉱を経営していた父親チェ・ギョプの仕事を継ぐことになった。言論人であったイム・ジェギョン先生の回顧録によれば、記者や文人のような知識人に酒や食事をふるまい、それどころか家を買い与えたことも何度もあったという。民主化運動が盛んだった時期には追われた人々を匿い、後方での支援を惜しまなかった。（「アン・ドヒョンの発見」の〈チェ・ヒョングク編〉より、ハンギョレ新聞、二〇一三年十二月十七日付）

「チェ・ヒョングク」という人物についての情報を集めようと思った。ところが、いくつかの個人ブログに少しずつ言及があっただけで、それ以外にはその名前に関連する書籍やニュースなどを見つけることはできなかった。さらに彼が理事長を務める学校のホームページにも、よくある「理事長の挨拶」のようなものはなかった。断片的な情報を寄せ集めてみたものの、チェ・ヒョングクに関しては小さなエピソードや知人の思い出ぐらいしかなかった。

出生年不詳。大邱《テグ》出身。ソウル大学哲学科卒。父親のチェ・ギヨプと一緒に江原道三陟市《カンウォンドサムチョクシ》道渓《トゲ》で興国《フングク》炭鉱を運営していた頃の彼は、「個人としての納税額が全国で十本の指に入るほど」の金持ちであり、維新体制下で迫害を受ける民主化運動の活動家にとって最後の砦だったという。『創作と批評[*10]』の資金が底をつくたびに後方で支援をし、解雇されて住む家に困った記者たちに家を買い与えるなど、「破格の人」という噂もあった。金芝河《キムジハ》や黄晳暎《ファンソギョン》など維新体制下の指名手配者に隠れ家を提供し、多くの民主人士と環境運動団体に巨額の喜捨をした、表には現れない陰の運動家。今は慶尚南道梁山市《キョンサンナムドヤンサンシ》で開雲《ケウン》中学、曉巌《ヒョアム》高校などを運営する学校法人の理事長だが、普段は作業服姿で校庭で庭作業などをしているため、学生たちも

＊8　一九四七～二〇一一。民主化運動のリーダーとして、独裁政権時代に何度も投獄された。民主化後には政治家として活躍したが、過去の拷問の後遺症に苦しみながら、六十四歳でこの世を去った。映画『南営洞《ナミョンドン》1985』（二〇一二）の主人公は彼がモデルであり、当時の残酷な拷問シーンが再現されている。

＊9　一九六一～。韓国を代表する抒情詩人。邦訳に『詩人　白石――寄る辺なく気高くさみしく』（五十嵐真希訳、新泉社、二〇二二）などがある。

＊10　一九六六年に創刊された韓国の文芸誌。斬新な文芸批評と政権批判で学生や知識人から圧倒的な支持を集めた。全斗煥《チョンドゥファン》政権時代に廃刊に追い込まれるが、民主化後の一九八八年に復刊された。

彼に気がつくことがないというエピソードが伝えられている。（著者の取材ノートより、二〇一三年十二月）

インタビューなどは勘弁してほしいと言われたのを拝み倒して、二〇一三年十二月にソウル市内の曹渓寺《チョゲサ》で会った。「インタビューはしなくてもいいから、お顔だけでも拝見したい」という再三の依頼に、もう断るのは難しいと思われたのだろう。黒いベレー帽に地味な服装、背中のリュックは本がいっぱいで重かった。老軀《ろうく》のチェ・ヒョングクは自分の子どもほどの年齢の私に向かって、腰を折って深くお辞儀をし、とても丁寧な言葉遣いをされた。

お目にかかれて光栄です。インタビューはそんなにお嫌でしたか？

――私は炭鉱をやっていた人間ですよ……。たくさんの人が怪我をし、死にました。褒め称えられたり、名を残すような場所に加わるべきではないのです。人を死なせたり怪我をさせながら生きてきた人間がそんな恥知らずな……。

不可抗力の事故ですよね？

――結局は私の責任でしょう。自然災害でもないわけですし……。

労働災害が起きたからと、その企業のオーナーに一生かけて責任を取れと言うなら、この韓国で顔を上げて歩ける事業家はいないのでは？

――その仕事をやってきた責任者が責任を取らなければいけません。欲張って生産力を高めようとして起きたことです。当時、炭鉱での労災死亡者は、世界的には石炭十万トンあたり一人なのに、韓国の場合は七万トンに一人、五万トンに一人と、そんなふうだったのですから。

チェ・ヒョングクは十七歳の時に、ソウルで練炭工場を営んでいた父親の仕事を手伝い始め、ソウル大学の哲学科を卒業した後に江原道道溪にある採掘現場に行って炭鉱経営に携わった。石炭産業が好況に沸いていた一九七三年に、なぜ彼が儲かっていた興国炭鉱を手放したのかは知られていなかった。

若い頃は大企業の経営者であり、現在は学校法人の理事長をされている。先生のこれまでの人生についての記録はほとんどありません。評伝や自伝のようなものもないですし。

――絶対に書くことはないでしょう。周りの人たちにもお願いしました。書いたところで、いい話など一つもありません。それは厚かましいことですよ。私は褒められるような人間ではないのです。

申し訳ないことに、何歳になられるのかもよく知らないのです。何年生まれでいらっしゃいますか？

——戸籍上では一九三七年になっていますが、実際は三五年生まれです。

ナム・ジェヒ前労働部長官が「チェ・ヒョングクは路傍の哲学者だ、当代の奇人、現代の千《チョン》祥《サン》炳《ビョン》[*11]」と書かれていました。

——ははは……「一文無し」ということだね。

ソウル大の同級生の間では天才の誉れが高かったとか。

——どこが天才ですか。子どもの頃はまともに勉強することもできませんでした。学校をいくつも転校したせいで、いつだってビリッけつ（笑）。小学校三年生の夏休みまでハングルも書けませんでした。でも勉強ができないことで得したこともありましたよ。意味もわからず読めもしないから、本から目を離さず見続ける習慣ができました。何とかして追いつこうとして、字も知らないくせに本を見ていたんです。

字を知らないのに？

——ずっと見ていると同じ単語が出てくるからね、それを飛ばさずにずっと見ていれば、それぞれがつながって、そうするとだんだん意味もわかってくるのですよ。

外国語も独学で習得されたんですか？

――今はもうすっかり忘れましたけどね。一時期はドイツ語、フランス語、英語、日本語、ギリシア語、ロシア語をやって、中国語は話せませんが、中国語の本は読めます。

天才というのはあたっていますね（笑）

――父がずっと家にいなくて、連絡もつかなかったのです。私が勉強を頑張らないと、他人に借金をするような暮らしになる。そうしなくてもいいようにと必死でした。勉強ができたわけじゃないんです。試験に強かっただけ。

いずれにしろ普通の優等生ではなかったんですよね（笑）

――試験の結果がいいから優等生扱いをされ、「そのうちに出世するだろう」と言う人たちもいましたね。でも、十年ぐらい前からですが、怒る友だちも出てきた。「この野郎、出世して権力者になると思っていたのに裏切られた」と言って……（笑）

＊11　一九三〇～一九九三。「帰天」という作品で知られる韓国の詩人。「韓国文壇の奇人」と呼ばれた。

わざと出世しなかったのですか？　できなかったのですか？

――権力やお金というのはみんな麻薬ですよ。知識もそうです。知識は別に問題がないようにも見えるのですが、知識があればお金と権力を作り出せますから。

お金を使う楽しみより、お金を儲ける楽しみがさらに怖い

詳しい話を聞いてみたかった。チェ・ヒョングク先生へのインタビューはいろいろ揉めながらも、いくつかの取り決めをすることで実現した。「絶対に慈善事業家、篤志家という表現は使わないこと」「美化しないこと」「誰かを助けたという話はしないこと」

助けてもらった人がいるのに、どうして助けた事実を隠すのですか？

――私は助けたことはありません。助けるというのはね、他人ために何かをした時に使う言葉です。私は私の役目を、自分の仕事をしたんです。誰かが私に助けてもらったと言ったとしても、私がそう思ったらいけないでしょう。

どうしてですか？

――それは私自身が腐敗する道だから。自分の仕事なのに、自分ではなく他人のためにしたというのは偽善ですよ。

一時は高額納税者番付の十位以内に入る富豪だったと聞いたのですが、今もそうなのですか？

――私は六回金持ちになって、七回一文無しになった人間です。今は七回目、金のない富裕層です(笑)。お金はないのですが、学校の理事長ですからね。個人的な財産はありません。保証債務の不履行で今も借金が返せていない状態です。

炭鉱経営からは完全に手を引かれたのですか？

――一九七三年に炭鉱を整理して、従業員にすべて分配しました。私の手元には何もありません。

分配したというのは、どういう意味ですか？

――まずは炭鉱労働者たちに奨学金を出して、その子どもたちにも奨学金を出して、病院を建てて無料診療をして……。彼らが最後に辞める時には、あと十年働くという計算で、退職金にして配ったのです。

一九七三年といえばオイルショックで炭鉱業が「金の卵を産むガチョウ」と言われた時代です。なぜ手を引かれたのですか？

——景気のいい時でしたよね。でも、一九七二年に国会が解散して維新が宣布されました。考えた末に「もうこれ以上炭鉱をやる理由がない」という結論に至ったのです。私は政治家ではありませんけど、それでも軍部独裁を打ち倒して人間が人間らしく生きられるようにと思って、会社経営をやってきたので……。

だったら、なおのことお金をもっと稼いで、民主化運動を支援すべきなんじゃないですか？

——企業経営をしてみてわかったのですが、お金を儲けるというのは本当に危険なことなんです。皆さんご存じないようですが、お金というのは「使う楽しみ」よりも「貯める楽しみ」のほうが何千倍も大きいのです。お金を儲けてみると、どうすればもっとお金が儲かるか見えてきます。その魅力がどれだけ大きいか、そこから逃れられる人はいないでしょう。どんな理由にしろ、ビジネスをしていたら、そこに引っ張られてしまうのです。正義だろうがなんだろうが、人生の目的などは二の次になってしまうのです。

お金儲けには中毒性があるということですか？

——「中毒」ならば、少なくとも悪いことだという意識はありますよね。「中毒」というより、「信仰」になるのです。金儲けが信仰になり、権力と名誉が信仰になる。だから「俺が持ちこたえられるのもここまで、これ以上巻き込まれる前にやめるべき」と思ったのです。

お父さんのチェ・ギヨプさんも中国で大きなビジネスをされて、独立運動家たちに財政的な支援をされたそうですよね。大きなお金を動かしながらも、お金に対して超然としている。その姿勢はお父さんから学ばれたのですか？

――父も日本統治下の歪んだ時代を生きていたために、成功そのものが自慢できるとは思っていなかったでしょう。国を失った屈辱の時代に裕福だったことなど、決して自慢できることじゃありませんから。そのことを、よくわかっている人でした。父は昔の話をしてくれなかったので、私が知っていることはすべて人づてに少しずつ聞いた話ですが。

お父様の教えの中に、特に記憶に残る言葉はありますか？

――ほとんど一緒には暮らせませんでしたからね。離れていた時間が長かったので、特に何か言葉にして教えてくれることはありませんでした。

では、お金や成功についてのお父様の価値観は、どうやって学んだのですか？

――生きながら学んだのです。父は子どもたちに特別に何かを教えようとはしませんでした。自分で気づくように放っておいた。近い関係では口で教えるよりも、実践を通して、生き方を通して学べるようにするんです。それが歴史的にも我々の長い習慣ですよね。

大邱《テグ》の富農の息子として生まれた父、チェ・ギヨプは嶠南《キョナム》学院（大邱の民族教育機関）の第一期卒業生であり、詩人の李相和《イサンファ》一家と親交が深かった。李相和の長兄である李相定《イサンジョン》将軍が中国で独立運動をしていると聞き、上海まで行ったが会うことができず、そのまま中国に残留してビジネスを始めた。トラック運送業をはじめ、製糸工場、ウィスキー工場などを経営し、やることすべてが大きく成功した。「独立運動家たちに食べ物と寝る場所、資金を与える」人物として知られたが、彼もまた一九四六年に帰国した時には無一文の状態だった。

日本の植民地下の知識人の中には、社会主義者も多かったと思うのですが、お父様もそうでしたか？

——とても自由な人でしたよ。思想とか理念のようなものに何かを求めるのではなく、「人間」が好きな人でした。父も私も知識や思想は信じません。

ソウル大学の哲学科まで出られた方が、知識を信じないと？

——知識を持つと「間違った正しいこと」を言いがちなんですよ。みんなは「間違った理解」だけが固定観念だと思っているのですが、「ちゃんとした理解」も固定観念なんです。世の中に「正解」などありません。一つの問題に無数の「解答」があるだけ、一生かかってもその解答を見つけるのは大変なのに、自分だけが正しくて他はみんな間違っている、そんな「正解」なんか……。それは軍部独裁が作り上げた悪習ですよ。朴正熙《パクチョンヒ》以前には「正解」という言葉は使わなかったんです。解答という言葉があっただけ、「正しい」という発言にはすべて、必ず間違いがあるのです。

必ず？

――必ず！　光があれば影があるように、すべての「正しい意見」には必ず間違いがあるのです。

勝てば腐敗する

父親は大きな事業を手掛けた人だったが、チェ・ヒョングクは金持ちのお坊ちゃんとして育つ

＊12　一九〇一～一九四三。三・一独立運動にも参加し、民族詩人として知られる。代表作は「奪われた野にも春は来るのか」で、『ひとつの星を歌おう　朝鮮詩人独立と抵抗のうた』（金正勲《キムジョンフン》編訳、風媒社、二〇二一）などに収録されている。

たわけではなかった。父親のやっていたビジネスは浮き沈みが激しく、何年も消息不明ということもあった。そのために母親が針仕事などで生計を立てなければならなかった。チェ・ヒョングクにはソウル大の商学部に通っていた十歳年上の兄がいたが、朝鮮戦争が休戦となった日に自らの命を断ってしまった。遺書を残すこともなかった。

「これで我々は永久分断だ。お元気で……」という一言だけだった。

長男を失い虚脱した父親は再び家を出て消息を絶った。かなり経ってから届いた知らせで、父親が道渓にある鉱山で仕事を始めたことを知った。兄の死によりチェ・ヒョングクは十七歳で、十一代続くその家の、たった一人の跡継ぎ息子となった。父親が始めたソウル・鍾路《チョンノ》の練炭工場で労働者と一緒に練炭を運び、夏場は練炭用のリヤカーにアイスクリームを載せて売り歩いた。そんな時でもチェ・ヒョングクは常に本を手から放さず、一九五六年にはソウル大学の哲学科に入学した。

ソウル大学に入学して、演劇サークルの活動をされたと聞きました。

——したというよりは、作ったのですよ。その時は俳優のイ・スンジェが哲学科の三年生で、私が一年生。スンジエに「おい、演劇サークルを一緒にやろうぜ」と言って始めたんです。

イ・スンジェさんのほうが先輩ですよね。なのに、そんな言葉遣いだったんですか？

——年齢はスンジェが私より一歳年上ですが、私は中学校時代から後輩には丁寧に、先輩には横柄な態度でしたよ。年上の先輩に向かって「俺と友だちになりたいか？　先輩をやりたいか？」と聞いて、「友だちになりたい」と言われたら、そのまま友だち言葉で話しましたから（笑）。後輩に横柄な言葉遣いをするのは日本の奴らの習慣です。私はそれが嫌いだからね、後輩には丁寧な言葉で話すのです。

後輩にぞんざいな言葉を使うのは日本の習慣ですか？　では朝鮮の習慣は違うのですか？

——朝鮮時代の儒学者、李退渓《イテゲ》は二十六歳も年下の奇大升《キテスン》を相手に論争した時でも、ぞんざいな言葉など使っていませんよ。朝鮮の習慣では兄弟間でも、年下に対して丁寧な言葉で話したのです。言葉遣いが悪いのは日本人の習慣ですよ。

いずれにしろ、実業家の子弟としてソウル大学まで行ったのに、どうして演劇をしようと思われたのですか？

——教育のね、もっとも大衆的な形が演劇だと思ったのです。文字が読めなかったり、知識がなくても、感情的なものを伝えることができるでしょう。今も私は、最近の若者たちがK-POPで韓流を巻き起こしたのはすごい「大衆革命」だと思っています。退屈な日常、刹那刹那が芸術に昇華されて……。素晴らしいじゃないですか。

一九六一年に大学を卒業した後、チェ・ヒョングクはソウル中央放送（KBSの前身）の公募第一期のディレクターとして入社した。ところが朴正熙を偶像化するドラマを作れという指示が下ったために、入社三ヶ月目にして未練なく辞表を出した。その頃、父親が経営していた興国炭鉱が倒産の危機にあった。あちこちに電話して年利三六〇％の高利貸しから借金をしてなんとかその場を切り抜け、一九六二年からは本格的に炭鉱の仕事をすることになった。

そうやって苦労してやってきた炭鉱なのに、一挙に手を引いてしまうなんて、もったいないと思いませんでしたか？

——もったいなくないですよ。全然。

お金が嫌いな人なんて、いないでしょう？

——お金は必要なものですけどね、いいもんじゃないでしょう。権力も必要だけどいいもんじゃない。権力を持って何かをする、お金を儲けて何かをする、というのは、何も知らないからそう言うんです。すべて大嘘ですよ。

ビジネスで成功したら、お金を儲けて良いことに使おうと言う人も多いですよ。

――そんなのは全部嘘ですよ。良いことをするためには、必ずお金を儲けなければいけないんですか？　それは言い訳でしょう。お金を手にしようと思ったら、そのためにしなければいけないことがあるんです。他人に与えるお金を減らして、その分を儲けるんじゃないですか？

企業家が自分の個人財産で公益財団をつくることもありますよね？

――（激昂した声で）自分の個人財産なんて、どこにあるんですか？　すべてこの世の中のものでしょう。共産党のことを言っているんじゃないですよ。財産は世の中のものです。この世の中のものを、一時的に預かって管理するだけ。だから、世の中の人々と分け合わないといけません。それは子どもに相続させるようなものじゃないんです。最初から自分のものではないのだから、財団なんて……。もっとうまくお金を使える人に任せてしまえばいいのです。

そうやってすべて社会運動家たちに分けてしまったんですよね。人によっては過去の民主化運動の経歴を出世のために利用したり、寝返って裏切る場合だってあるのに、それでもですか？

――金というのは魔物ですからね……。金がその人間にとって毒になるか薬になるか、人を傷つけたり、屈服させたり、怠惰にしてしまうんじゃないか、そう思うと常に怖かったですよ。でも人というのは……もともとそういう存在なのです。卑怯なのが「通常」、普通のことなのです。刑務所に行くのも普通のこと、人が卑怯になるのも普通のこと、そうやって受け入れなければいけません。

それでも最低限の、人として生き方の原則みたいなものはあるんじゃないですか？

――生き方に原則などありませんよ。私たちが原則を作っていくのです。その時代ごとに最善を尽くして原則を形成していく過程があるだけで、どんな歴史にも与えられた原則などはありません。強制的に原則を作っておいて、原則からはずれたからと非難するのは独裁的な考え方です。これは私が言ったのではなく、司馬遷の言葉です。

過去に民主主義を叫んだ人たちが権力を手に入れたとたんに百八十度変わってしまう姿を何度も見ました。自分の言ったことを自分で裏切る……。これは原則以前に人間に対する礼儀の問題ではないでしょうか？

――みんなね、勝てば腐敗するんです。例外はありません。金や権力は魔物ですから、どれだけ小さくても振りかざせば、その人は腐敗するんです。あの親父たちも最初から腐った奴らではなかったんですけどね。奴らにも息子だった時代はありました。権力を得た後で腐ってしまったのです。

老人たちをかばうな

では、どうすればいいんですか？　どこに希望を見出せばいいんですか？

――平凡に生きる人たち、安い給料でも周囲の人たちと幸せに暮らそうとする人たちです。世の中にはね、葬儀屋さん的な仕事と助産師的な仕事があるんです。常に対立を必要として、矛盾があってこそ生きられるような、そんなのが葬儀屋さん的な仕事です。判事や検事、弁護士などは犯罪を前提にした職業です。他人の不幸がなければ成立しない。その中でも一番ひどいのが、対立の中に自分の居場所を見つける政治家たちです。理念なんぞは重要ではないんです。仲違いがあるから雄弁でいられる。だから、みんなが仲良くなるのは耐えられない……。そういうのを、私は葬儀屋さん的な仕事だと思っています。葬儀屋さんには申し訳ないですけどね、実際の葬儀屋さんは助産師的な職業なのに……。

助産師的な職業は何ですか？

――平凡な人々です。安い給料で働く人々。それでも隣近所と仲良く暮らす人々。

最近の極右集会で活躍する「ガスボンベ爺さん」[*13]たちも、どこにでもいるような平凡な老人であることが多いのですが。

——対立で食べている葬儀屋さん的な人たちが、老人たちを対立に引きずり込んで利用しているんですよ。若い頃はどれだけイケイケだったとしても、年老いて気力も落ちればただの老人ですから。そんな老人たちに何か力があるかのようにおだてて、彼らを利用している。そもそも我々の世代の人間はレベルが低いのに、あんなふうに利用されて……。でも、まあ本当のところ、それも仕方がないんですよ。日本の植民地時代に教育を受けて、その後の生き方がね……。卑怯でなければ生き残れなかったし、他人のことなど考えないで暮らすのが一番楽だったわけで。そんなレベルの低い、年老いて気力も落ちている連中を対立の中に放り込んで利用するから、あんなことになるんです。

極右老人たちの過激な行動は、誰かに利用されただけでしょうか？　本気でなければできないのでは？

——ああいうのは本気というより、仲間に入ってみたいんですよ。自分にも何か発言権があるように思えるし、まだ若くて元気だと感じられる。生きている実感を得られるような……そんな気持ちを利用しているんです。

若い人たちに何か言っていただけませんか？　高齢世代をどう理解すればいいか……。

——目をつぶってやることはないですよ。老人たちのあの姿をしっかり見ておかないと。皆さんがああならないために、しっかり見てください。誰だって可能性はあるんです。見て見ぬふりをしたらだめです。

最近は何か言えば、みんな「従北」と言われてしまいます。朴槿恵に反対すれば「従北」、労働者の人権を主張すれば「従北」、全教組〔全国教職員労働組合〕への弾圧に反対しても「従北」……。

——政権よりもメディアによる意識操作が社会に影響を与え、大学教授のような学のある人がその先頭に立っています。そんなのを見ると私はね、民衆が目覚めてもう少しましな民主主義が実現されるように、何か訓練をさせられているような気さえします。最終的に我々にそれを気づかせるために、こんな現象〔従北物議〕が起きているんじゃないか。腹が立つから、むしろ楽観的に考えようと思ってしまいます。

朴正煕時代を全身で経験されて、今は朴槿恵大統領を見ていらっしゃるじゃないですか。朴正煕のリーダーシップと朴槿恵のリーダーシップを比べてみるとどうですか？

＊13　ガスボンベに火を付けて威圧する高齢者のこと。一時期、極右集会に必ず登場していた。

——リーダーシップもへったくれもないでしょう。朴正熙のはリーダーシップなんかじゃありません。ただの独裁。朴槿恵は選挙で選ばれたとはいえ、私から見れば特定勢力が集まって朴槿恵という「お飾り」を作り出したにすぎない。朴正熙の幻影を利用しようと、何も知らない子どもを全面に押し出して、リーダーとしてでっち上げただけでしょう。朴槿恵は虚像だと、私は思っています。実体ではない。

先生の態度は断固たるもので、その意見は辛辣だった。先生は一度も「オフレコにしてくれ」とは言わなかったが、私は朴槿恵に言及した部分は書かないほうがいいと思っていた。曲がりなりとも現職の学校法人理事長だし、彼に何かしらの災厄が降りかかるのではと心配だったし、「朴槿恵は虚像だ」という言葉にもすぐには同意できなかった。少なくともその時は、二〇一三年末はそうだった。

丁若鏞《チョンヤギョン》*14みたいな人は死ぬずっと以前に自身の辞世の句を書かれましたが、もしそんなふうに先生が辞世の句を書かれることになれば、何をおっしゃりたいですか？

——うちの学校に行けば、「苦さが人生の味」と書いた石碑がありますよ。もとは校名を書こうと思って持ってきた石なんですが、角が一つ欠けていたんです。割れた石に校名を入れるのも良くないと思って、何か別の言葉を彫ってみようかと思った時に、そのフレーズが思い浮かんだのです。生徒たちに「これはどうか?」と聞いてみたら、わりと反応が良くてね。悲観論だと誤解する子もいなかったし。

それって、悲観論じゃないんですか?

――いやいや、積極的な肯定論ですよ。苦さだって人生の味なんだから……。むしろ苦い時ほど深みのある生き方ができるわけで。そういうのが人生の味わいなんじゃないですか。

では、ご自身の辞世の句として「苦さが人生の味」と書かれますか?

――それだけだと、私は偽善者だと言われてしまうから、その後に付け加えないとね。「でも、やっぱり甘い方がいい」(笑)

「苦さが人生の味だ……でも、やっぱり甘い方がいい」(笑)。人生が甘美なのはどんな時ですか?

――人々と善良な気持ちで共に何かを願い、心が互いに通じ合う時……実に甘美ですよ(笑)

チェ・ヒョングク先生のインタビューは二〇一四年一月四日付の記事になった。インタビュー

＊14　一七六二～一八三六。朝鮮時代後期の思想家。朝鮮実学を大成した。

の最後に、私はこんな一文を書いた。

「しばらくは苦味にも耐えられそうだ。先生と話した時間は私にとっては『蜜の味』だった」

チェ・ヒョングク先生の「苦言」を「蜜の味」と受け取ったのは私だけではなかった。インタビュー記事が出たあとの反響が大きかった。数千件のコメントが寄せられ、SNSでのシェアは七万件を超えた。これはインタビュー記事としては異例のことだった。チェ・ヒョングク先生の言葉は様々なブログやフェイスブックで盛り上がった。それほど彼が投げかけた新鮮で愉快な衝撃の波及効果は大きかった。

インタビューは一切お断りと言っていたチェ・ヒョングク先生だが、その後はいくつかのメディアのインタビューに応じて、それが『風雲児チェ・ヒョングク』(キム・ジュワン著、ピープルパワー、二〇一五、未邦訳)、『苦さが人生の味』(チェ・ヒョングク、チョン・ウニョン著、ビアブック、二〇一五、未邦訳)という二冊の書籍にもなった。「インタビューはしないと言っておられたのに、最近はインタビュー記事が滝のように流れてきます」とからかうように冗談を言ったら、「いやあ、イさんのせいで私は捨て身になったのです」と愉快そうに笑った。

チェ・ヒョングク先生と知り合った後で何度か肝を冷やすようなこともあった。「イさん、しばらく電話に出られないかもしれないので、あらかじめ連絡を差し上げました。すべては『自然の流れ』なのです。些末なことにとらわれずに、自分の思う通りに進んでください」とまるで遺言のようなことをおっしゃる。前立腺がんだという。またある時にはいつもと違う低くかすれた声で、「食べることも寝ることもできないし、今は生きた心地がしない」とおっしゃった。腹膜炎の手術をされて重篤な状態だという。

幸いなことに、先生は再び元気になった。高齢なうえに病気もされたりで、いつも心配だったのだが、先生はそんなことはすっかり忘れたかのように、ある時は済州《チェジュ》四・三事件[*15]の現場にいる、ある時は東学農民革命の遺跡にいると電話をくださった。何日間か中国や日本に行って来られることもあった。その間に、荒野に広がる野火の如く、ろうそく革命が朴槿恵政権を打倒し、新しい政府が門出を迎え、南北首脳会談が行われた。インタビュー集の出版を準備しながら、四年ぶりに再びインタビューアーとインタビューイとして向かい合った。

懐疑し、抵抗し、拒否しろ

先生に初めてお会いしたのがつい先日のような気がするのですが、もう四年も前のことなんですよね。あの時の私は朴槿恵政権が永遠に続くような気持ちでいたのに（笑）

――錯覚してはだめですよ。トカゲの「尻尾」切りではなく「頭」切りです。支配勢力は問題が

＊15　米軍政下の済州島《チェジュド》で一九四八年、南朝鮮のみの単独選挙に反対する島民等が起こした民衆蜂起。

起きると頭だけ切って、自分たちが生き残る道を選ぶのです。高宗《コジョン》[*16]が滅びても両班《ヤンバン》は残り、日帝が滅びても親日派[*17]は残った。李承晩《イスンマン》が滅びても、朴正煕が死んでも、奴らは残り、朴槿恵が刑務所行きになっても、奴らはずっと生き残っているのです。尻尾切りについては、みんなあれこれ言うけれど、頭切りのほうはちゃんと見ていない。奴らは誰かの手によって自分たちの頭が切られたようなふりをするけれど、本当は奴らが自分たちで頭を切り捨てているんです。そうやって自分たちは生き残ろうと……。何度も繰り返されるルーティンのようなものです。そのルーティンを守ってくれるのがメディアの顔した広告屋ですよ。メディアという名でプロパガンダをしているんです。

支配グループが今も頑強だとしても、ここまで来られたのはよかったんじゃないですか。ろうそく集会は本当に感動的でした。

——人間にとってわかりやすいのは善悪ではありません。感情的なこと、怒りでしょう。「お前らが全部持っていくのか?」という。崔順実《チェスンシル》は李舜臣《イスンシン》に次ぐ忠臣だと思いますよ。朴正煕神話をぶち壊したんだから（笑）

彼は顔をしわくちゃにして大笑いした。顔がむくんでいるようだし、顔色も前のようではなく心配になった。

最近、体調はいかがですか？

――良くないですね。疲れやすい。

癌は大きくなってはいないんですよね？

――今日も明日もそのせいで注射を打たないといけない。大きな問題はないんだけどね、疲れやすいし、食べるのも寝るのも、今一つすっきりしない。でもまあ、大丈夫ですよ。

癌だと診断されて、いろいろお考えになったのでは？

――一つ発見したのは、「私は死を前にしても、悲観的にならない」ということです。長生きしすぎて病気になっただけ（笑）。死ぬのが怖いとか、悲観的になるとか、そういうことは特にありません。悲観とか不幸といったネガティブな感情や人間の欲求などは、大抵が教え込まれ訓練されたものであって、人間の本能ではないのでしょう。

＊16　一八五二〜一九一九。朝鮮王朝第二十六代国王として一八九七年まで在位し、その後、大韓帝国初代皇帝となった。韓国併合後は徳寿宮李太王と称され、日本の皇族としての待遇を受けた。

＊17　日本の植民地支配に協力した人々やグループのこと。「反民族行為者」という否定的な意味がこめられている。

死に対する恐怖とか、挫折感なども本能的なものではないと？

――ええ。人間には自然な感情と、学習した感情があるのですが、自然な感情もその種がどうやって植え込まれ、訓練をされたかによって現れ方が違ってきます。嫉妬、悲観、復讐心のようなネガティブな感情は、大抵が支配者による訓練の結果であって、自然の本能ではないですよ。嫉妬は女性のものだとか言いますけどね、権力を持った男性同士の嫉妬心のほうがよっぽどひどいでしょう。でも嫉妬は女性のものだと教え込む。自分たちが支配しやすいように。

では人間の自然な本能というものはないのですか？

――性善説と性悪説のようなものですよ。孟子は性善説を主張して荀子は性悪説を主張したと言いますが、それぞれ別のものではありません。貧しく暮らした孟子は、周囲で毎日のようにけんかして罵《ののし》り合う人たちを見ながら、人間というのは本当にダメだなと感じたでしょう。ところが勉強をしてみたら、「いや、違うか。教育を受けなかったからそうなんだ。本来、人間は善良なのに」と思うようになった。逆に荀子は金持ちの家で大切に育てられました。周囲はみんな良くしてくれるから、人間というのはとても善良だと思っていたのに、大きくなって勉強をしてみたら、そうではない。「人間とはこんなにも悪辣な存在だったとは」と考えるようになった。両者は立ち位置が違うから別の話になるだけで、結局は同じことを言っているのです。

善でもあり、悪でもあると？

――天使と悪魔の真ん中にあるのが人間だといいますが、実は、両方とも持っているんです。天使でもあり、悪魔でもある……。仏陀は人生を苦海だと言うけれど、人生が苦海だから仏になったわけで、苦海でなかったらどうやって仏になるんですか？　みんな苦海の話ばかりするけれど、そのおかげで仏になれたということは考えないのです。

どうしたら先生みたいな考えになれるのですか？

――人々は「正しいか正しくないか」を判断するのが考えることだと思っています。それが考えることだと、訓練されますから。でも考えるということは、そうじゃないんです。考えるとは抵抗し拒否することです。「それは違うのでは……」と、すべての真理に懐疑的になること。それが真の考えることです。人間は考えるから存在するだって？　何を言っているんだか。全く考えてなんかいないんですよ。考えるとは、合理と無知、知性、感性をすべて含めたものなのに、学があるといわれる人たちが考えることを全くしないから……。

先生の前で今日も私は「考えない人間」になった。お叱りを受けながら、フフッと笑いがこぼれた。こうやって長い間チェ・ヒョングク先生の前で叱られていると、愚かな質問をやめられない出来の悪い学童でありたいと考え……、あ、それを考えと表現したら、また怒られてしまう。いずれにしても、こんな時間は何と甘美なのだろう。

翻訳者より

韓国における「大人」の意味

「大人に会いたかった」という表現が印象的だった。著者も十分に大人なのに、さらなる大人に会いたいと言う。

この章を翻訳する時に、この「大人（オルン）」という言葉をそのまま日本語にするべきか悩んだ。「大人」は「子ども」の対義語で、ざっくりと成人を意味する。もちろん年齢を重ねただけでは大人にはなれないのは日韓とも同じだが、その内容はかなり違っている。

例えば、日本で「大人」といった場合、そこには理性的とか合理的という意味が含まれる。「大人の対応」といった表現などがそれだ。一方、韓国の「大人」に求められるのは人格的に立派であることで、中国語の「大人（ターレン）」により近い。そのベースにあるのは儒教の教えだ。子どもは大人を敬い、大人は子どもを慈しむ。それが「長幼の序」である。

韓国では日本以上に年齢による上下関係が厳しく、言葉遣いにも厳格なルールがあるのはよく知られているが、そこに明確な役割分担があるからだ。年長者には「大人としての責任」があり、それをきちんと果たしてこそ年下の者から尊敬される。

著者は自分にとっての「大人」を探し求めて、ついに見つけてしまう。少し驚いたのは、そこまで「大人」を渇望する気持ちであり、多くの読者もそれに共感したという点である。

翻って、日本ではそこまで「大人」が求められることがあるだろうか？

著者がその不在を嘆くような宗教指導者、知識人や作家、大統領や政治家たち。そもそも日本にこのタイプの大人がいるだろうか？　もちろん個々に尊敬している人はいると思うが、多数の共感を前提にその名前を挙げていくことは難しい。

ただ誤解してはいけないのは、韓国における「大人」とは、大多数に尊敬される偉人という意味では決してない。普通の人々も皆がちゃんとした大人でありたいと願っている。

この章では尊敬すべき大人と共に、「極右集会で活躍するガスボンベ爺さん」のような高齢者への苛立ちも露わになっている。家族や地域社会で「大人として振る舞えない＝大人として尊敬されない」、孤独な高齢者も少なくないのだ。

チエ・ヒョングクさんは二〇二一年四月二日、御年八六歳で逝去された。ハンギョレ新聞は訃報を伝える記事の見出しに「時代の大人」という表現を使っていた。

偉大にて、卑小な、すべての人々へ
日本語版刊行に寄せて

子どもの頃に偉人伝をたくさん読みました。当時の親たちは子どもに英雄譚を読ませれば、それをお手本に子どもたちが成功すると思っていたのでしょう。カエサル、ハンニバル、アレクサンダー大王など古代ギリシャやローマ時代の英雄から、チンギス・カン、ナポレオン、チャーチル、ワシントンのような世界史を変えた指導者まで。手当たり次第に読んだおかげで、世界的な偉人の輝かしい物語に出会うことはできました。でも両親の期待に反して私自身は、そんな英雄譚に感動を覚えることはありませんでした。

偉人伝に描かれる人物はみんな幼い頃から非凡であり、どんな逆境にも屈しない超人的な精神力の持ち主でした。でも、それで成し遂げられた偉業というのが、戦争に勝つことや領地を広げることならば、別に自慢するほどのことではないと思いました。シュバイツァーやナイチンゲール、マザー・テレサのような献身的で犠牲精神にあふれた偉人たちの伝記もありましたが、彼らは私とは根本的に違う聖人みたいで、こちらにも感情移入はできませんでした。

むしろ私の心に残ったのは、平凡で実直な人々の人生譚でした。時には失敗もするし、尻込みしながら、悩みながら、失敗を通じて何かを発見して成長する人々。自分ひとりの成功や業績にとどまらず、みんなと一緒にやろうとする善良な志で私たちの心を温かくする人々。ハンギョレ新聞でこのインタビューの連載企画を始めた時、最初の記事に私はこう書きました。

「希望を見つけたかった。個人的な経験の枠に閉じ込もることなく、知らないこと、新しいこと、私とは違うことに扉を開いて、生き生きとした交流を通して進化していく、開かれた人たちに会いたかった」（ハンギョレ新聞、二〇一三年六月十四日付）

そうして五年二ヶ月の間に百二十二人に会いました。有名人もいたし、一般的にはあまり知られていない人もいましたが、私の関心はその人たちの成功物語ではなく、彼らが悩み、挫折しながら、どんな選択をし、どんな決定をしたかにありました。私が会った人たちは「天性の勇気と精神力で一直線に目標に向かい、光り輝く業績を成し遂げた人」たちではありませんでした。傷つき、悔やみ、ためらい、時には臆病になりながらも、善良で美しい選択をしようと頑張ってきた方々の素直な語りが、読者の皆さんに勇気と希望を与えてくれることを願いました。

彼らの人生の物語を日本の読者の皆さんと分かち合えることは大きな喜びです。日本語版の刊行を通して、インタビュー集としてめったにない海外の読者との出会いの機会を開いてくれたクオン出版社の金承福社長、一行一句にも適切な行間の意味と脈略についての質問をしてくださり、一つ一つ確認してくださった編集者の清水知佐子さん、日本の読者が理解しやすいように細かい訳注とともにインタビューイーの略歴や近況について別途ページまで作ってくれた翻訳者の伊東順子さんに深く感謝しています。韓国語版にはない新しい写真をじっくり選んでお送りいただいた写真家のカン・ジェフンさんにも感謝の言葉を伝えたいと思います。皆さんの努力のおかげで、本書はさらなる深みと豊かさが加わることになりました。

日本の皆さんがこの本をお読みになって、どんな感想を持たれるのか、期待に胸がはずみます。風の前でゆらめく蠟燭のように、かよわくとも揺れる炎を蘇らせて、頑張る人々のきらめきが集まり、世の中を明るくします。疲れた日常の中で、時には卑小で時には偉大な皆さんに、この本が激励と慰めになればと思います。

二〇二四年三月

イ・ジンスン

訳者あとがき

本書は二〇一八年八月に文学トンネより刊行された『あなたが輝いていた瞬間（原題）』の全訳である。プロローグにもあるように、著者のイ・ジンスンはハンギョレ新聞で二〇一三年から二〇一八年までに百二十二人分のインタビューを連載し、その中から十二人を選んで単行本化した。新聞連載時からの愛読者だったというクオンの金承福《キムスンボク》社長から、本書の翻訳を勧められたのは二年前のことだ。

「これは韓国社会をよく知っている人にやってほしいから」

たしかに韓国で起きていることは、現地で暮らした経験がないとわかりにくいことも多い。まずは同社のウェブマガジン「クオンの本のたね」で翻訳の一部を掲載し、単行本にする際には一話ごとに解説コラムを書き下ろしてほしいとも言われた。私の知識も少しは役に立つかもしれないと思ったのだが、実際に翻訳を始めたら、そんなささいな自負心などはふっとんでしまった。「なんてすごい人なのだろう」、「あの人はこんなに大変だったのか」という驚きだけでなく、彼らが語る言葉や行間の沈黙に私自身がどっぷりはまりこんでしまった。セウォル号の海から、ベトナムの集落から、深夜の救急病棟から、彼らの押し殺した声が聞こえてくる。歓喜する広場での無言の涙、私の人生など大したことないと言い放つ声、今はまだ何も言えないという沈黙。時には今しがた彼らに会ってきたような話をして、家族に気持ち悪がられた。

「黄晳暎《ファンソギョン》さんはね原稿を尻で書くと言ったんだよ。あんなにたくさん書いた人でも、尻で書いていた。書けなくても座っていないと」「チャン・ヘヨンさんは太宰治が好きで妹さんと一緒に青森の生家まで行ったんだって」「韓国はトカゲの尻尾切りではなくて頭切り。でも日本は尻尾切りで、秘書にだけ責任を取らせる」

翻訳して伝えることよりも、まずは私自身がもっと知りたいと思った。彼らを有名にした事件については知っていたが、彼らが本当に輝いた瞬間のことは知らなかったのではないか。ましてやその前後の長い時間のことを想像しただろうか。韓国の読者たちもおそらく同じだったと思う。だからこそ『あなたが輝いていた瞬間』は刊行から六年近く経った今も版を重ねている。

翻訳にあたって悩ましかったのは、韓国の人々のストレートな表現を日本語にどう訳すかということだった。映画やドラマなら登場人物の刺激的なセリフもまた韓国作品の魅力になるかもしれないが、インタビューの言葉はそれとは違う。きつい物言いの中に潜む優しさをどう伝えるか。これについては担当編集者である清水知佐子さんに何度も助けられた。ご自身も韓国文学の翻訳家である清水さんが一緒に悩んでくれたおかげで、彼らの言葉をできる限り忠実に再現をすることができたと思う。この場をかりてお礼を申し上げたい。

十二名については各章のコラムでふれたが、最後に著者のイ・ジンスンについて書いておきたい。イ・ジンスンは一九八二年にソウル大学社会学科に入学、八五年には女子として初の総学生会長に選ばれた。後に「三八六世代」と呼ばれた、民主化運動のど真ん中世代である。

二十代は学生運動と労働運動の日々をすごし、三十代になってからは放送作家、四十歳で米国留学して「インターネットをベースにした市民運動研究」で博士号を取得。当時、韓国における盧武鉉《ノムヒョン》政権誕生はインターネット時代の新しい選挙の先駆けとして、世界的に注目されていた。二〇一三年以降は韓国に戻り、市民参加型の政治の基盤づくりに尽力し、二〇一五年には財団法人ワグルを創立した。

彼女のプロフィールを見ながら、同世代の韓国女性の輝いた瞬間を想像してみる。いつか著者自身へのインタビューを読みたいと思う。私たちの世代も十分に「大人」の年齢なのだから。甘えてばかりもいられない。

最後になったが、本書の翻訳を勧めてくれた金承福社長に感謝を伝えたい。「オッケー、やるよ」と口頭で約束した日本語版が、ついに完成することになりました。どうもありがとう！

伊東順子

二〇二四年三月

著者　イ・ジンスン

財団法人ワグル理事長。1982年にソウル大学社会学科入学。1985年に女子として初の総学生会長に選ばれる。20代は学生運動と労働運動の日々を過ごし、30代になってから放送作家として〈MBCドキュメントスペシャル〉〈やっと語ることができる〉などの番組を担当した。40歳で米国のラトガーズ大学に留学。「インターネットをベースにした市民運動研究」で博士号を取得後、オールド・ドミニオン大学助教授として市民ジャーナリズムについて講義をした。2013年に帰国して希望製作所副所長に。2015年8月から現職。市民参与政治と青年活動家養成を目的とした活動を展開している。

訳者　伊東順子
（いとうじゅんこ）

ライター、編集・翻訳業。愛知県生まれ。1990年に渡韓。ソウルで企画・翻訳オフィスを運営。2017年に同人雑誌『中くらいの友だち　韓くに手帖』（皓星社）を創刊。近著に『韓国 現地からの報告　セウォル号事件から文在寅政権まで』（ちくま新書）、『韓国カルチャー　隣人の素顔と現在』『続・韓国カルチャー　描かれた「歴史」と社会の変化』（共に集英社新書）、訳書に『搾取都市、ソウル　韓国最底辺住宅街の人びと』（筑摩書房）などがある。

韓国《かんこく》の今《いま》を映《うつ》す、12人《にん》の輝《かがや》く瞬間《しゅんかん》

2024年5月31日　初版第1刷発行

著者　イ・ジンスン
写真　カン・ジェフン
訳者　伊東順子
編集　清水知佐子
ブックデザイン　松岡里美（gocoro）
DTP　アロン デザイン
印刷　大盛印刷株式会社
発行人　永田金司　金承福
発行所　株式会社クオン
〒101-0051 東京都千代田区神田神保町1-7-3 三光堂ビル3階
電話 03-5244-5426　FAX 03-5244-5428
URL https://www.cuon.jp/

ISBN 978-4-910214-59-7　C0098